JN493193

중국 번역사상사

The History of 20th Century Chinese Translation Thoughts

(20世紀中國飜譯思想史)

Copyright ⓒ 2004 by Wang Bingqin(王秉欽)

All Rights reserved.

Korean Translation Copyright ⓒ 2011 by Ewha Womans University Press

이 책의 한국어 판권은 저작권자와 독점 계약한

이화여자대학교출판부에 있습니다.

저작권법에 의해 한국 내에서 보호를 받는 저작물이므로

어떠한 형태로든 무단 전재와 무단 복제를 금합니다.

이화 통역번역학 총서

중국 번역사상사

中 國 飜 譯 思 想 史

왕병흠 지음
김혜림 · 이지혜 · 김효정 · 강경이 · 김남이 옮김

이화여자대학교출판부

책머리에

문화란 전파와 흡수의 단계를 밟으며 새로운 문화로의 전이로 이어지는 통섭의 과정을 거치면서 진화한다. 중국은 역사적으로 두 번에 걸쳐 거대한 문화적 통섭을 경험하는데 바로 인도 문화와 서구 문화의 유입이었다.

이 과정에서 번역은 결정적 역할을 했는데 고대 불경 번역의 시대에는 서양 번역사飜譯史와 마찬가지로 직역과 의역의 담론이 지배적이었다. 직역에서 의역으로, 그리고 다시 직역과 의역의 완벽한 결합을 의미하는 신역新譯으로 발전한 중국 고대 번역사상에서 중국 근대 번역의 아버지 엄복嚴復의 번역사상 '신信, 달達, 아雅' 의 원형을 엿볼 수 있다.

이 책은 표음문자(산스크리트어)에서 표의문자(중국어)로의 번역이 이루어진 고대 불경 번역 시기로부터 서양 문화가 본격적으로 전파된 근현대에 이르기까지 중국의 번역 역사를 우리에게도 잘 알려진 문인들을 중심으로 집중 조명하고 있다. 특히 중국 번역발전사에 있어서 가장 풍성한 결실을 맺은 시기인 20세기에 활약했던 10인의 번역 거장, 양계초, 엄복, 노신, 곽말약, 임어당, 주광잠, 모순, 부뢰, 전종서, 초국은의 번역사상을 시대적 맥락을 토대로 기술하고 있다. 작가별 번역 작품뿐 아니라 번역을 둘러싼 시대적·정치적·문화적 배경, 이들의 번역사상이 당대 번역계 및 문화에 끼친 영향, 작가 자신의 창작 활동과의 연관성, 그리고 번역 이론에 대한 평가까지 예리한 시각으로 파헤치고 있다.

이론적 논쟁의 깊이를 감안해볼 때 이를 번역한다는 것 자체가 실로 만만치 않은 작업이었으나, 언어적 접근성이 떨어진다는 이유로 중국의 번역 이론을 거의 접하지 못하는 국내 독자들을 위해 이화여자대학교 통역번역대학원 박사과정 한중 전공 연구자들이 함께 공부한 내용을 기반으로 번역서를 출간한다. 이 책이 〈이화 통역번역학 총서〉로 출판될 수 있도록 총서를 기획한 이화여자대학교 통역번역연구소 및 이화여자대학교출판부 관계자 여러분께 감사의 말을 전한다.

20세기 중국 당대의 번역 거장들은 빼어난 문화 인지 능력 및 문화 중계 능력을 갖추었을 뿐만 아니라 번역을 통해 문화의 창조적 전이를 수행했다. 이를 통해 중국은 지난 세기 근대화의 길을 걸을 수 있었던 것이다. 이제 이들의 번역사상이 한국어로 번역되어 독자와 대면한다. 독자 여러분과의 교감을 통해 새로운 창조적 전이가 더욱 풍성하게 이루어지기를 기대해본다.

2011년 6월

이화여자대학교 통역번역대학원 교수

김혜림

차례

4부 중국 번역사상의 전성기

한국어판 서문

한국의 이화여자대학교 통역번역대학원으로부터『20세기 중국번역사상사20世紀中國飜譯思想史』의 한국어판 서문을 써달라는 부탁을 받았을 때 흔쾌히 이를 받아들였다. 이 책의 한국어판 출간을 계기로 번역 분야에서 한중 양국의 문화 교류가 더욱 빈번해지는 것은 물론, 이화여자대학교와 남개대학의 학술 교류 및 협력이 보다 더 활발해질 것으로 기대한다.

오늘날 인류는 이미 글로벌 시대, 즉 고도화된 현대 문명 시대에 진입했다. 과학기술이 발전함에 따라 경제 글로벌화, 문화 다원화의 양상이 나타나면서 전 세계는 지금 하나의 '지구촌'으로 변모해가고 있는 듯하다. 글로벌화라는 거대한 물결 속에서 번역은 언어와 민족, 문화를 뛰어넘는 교류의 매개체로서 인류의 문명과 사회를 발전시키는 데 중요한 역할을 담당하고 있다. 뿐만 아니라 한국과 중국 양국이 세계와의 문명적 교류를 확대하고, 양국 국민의 이해와 교류를 증진시키며, 세계의 평화와 발전을 촉진하는 데에 있어서 그 무엇도 대신할 수 없는 특수한 역할을 하고 있다. 번역은 태생적으로 글로벌화를 지향할 수밖에 없는 특수한 업종이기 때문에 모든 번역가는 반드시 이러한 국제적인 시각을 갖추어야 한다.

이 책의 번역에 참여한 이화여자대학교 통역번역대학원의 번역가들은 국제적인 시각과 작가와 독자에 대한 강한 책임의식, 그리고 우수한 한중 언어 구사 능력 및 숙련된 번역 테크닉을 바탕으로 『20세기 중국 번역사상사』의 한국어판 번역을 성공리에 끝마쳤다. 이는 분명 기쁘고 고무적인 일이다.

한중 양국의 번역 사업이 더욱 발전할 수 있도록 앞으로 우수한 번역 작품들이 더 많이 출판되었으면 하는 바람이다.

2010년 4월

저자 왕병흠王秉欽

서문

오천 년의 중국 역사에서 20세기는 격동과 변화의 시대였다. 잇따라 발생한 굵직한 역사적 사건들은 중국의 발전을 촉진시켰을 뿐 아니라 인류의 운명을 바꾸어놓았다. 20세기의 중국 역사는 그야말로 거대한 한 편의 서사시라고 할 수 있다.

인류 역사상의 여느 격변기와 마찬가지로 20세기 중국에서는 뛰어난 인재가 많이 배출되었다. 혁명가, 사상가, 과학자, 문학가, 번역가 등 다양한 분야의 수많은 인재들이 후대에 길이 남을 소중한 정신적 유산을 창조했다.

프리드리히 엥겔스Friedrich Engels는 르네상스 시대를 이렇게 평가했다. "그것은 인류가 그때까지 경험했던 최대의 진보적 변혁이었으며, 위대한 인물을 필요로 했고 또 위대한 인물을 낳았던 시대였다. 이는 사고력과 열정과 인격을 갖춘 거인巨人들, 다재다능하고 박학다식한 거인들의 시대였다"(『자연변증법*Die Dialektik der natur*』 서론).

양계초梁啓超, 엄복嚴復 등은 유신維新 시대, 노신魯迅, 곽말약郭沫若 등은 5·4운동 시대, 모순茅盾, 부뢰傅雷, 전종서錢鍾書 등은 중화인민공화국 수립 초기에 탄생한 거인이다. '사고력, 열정, 인격'을 갖추고 '다재다능하고 박학다식한' 이들은 르네상스 시대의 거인들과 많은 공통점을 가지고 있다. 이들이 남긴 수준 높은 창작 작품과 번역 작품, 그리고 통찰력 있는 이론과 사상을 통해 인류의 다양한 문화와 수많은 지식을 섭렵한 거인들의 면모를 확인할 수 있다. 20세기 중국의 문화 거인들은 동서고금의 다양한 지식을 흡수하고 소화하는 능력을 바탕으로 불후의 정신적 자산을 새롭게 창조할 수 있었다.

특히 20세기 100년의 역사 속에서 탄생한 번역 거장들은 파란만장하고 거대한 역사적 배경 속에서 민족과 시대가 부여한 역사적 사명을 안고 힘들고 어려운 번역 작업에 종사했다. 이들이 일생 동안 일궈낸 눈부신 번역 작품 및 철학을 통해 전통 사회에서 현대 사회로의 전환기 중국의 번역사상 발전사를 조명해볼 수 있다.

"번역사飜譯史 연구는 사람을 중심으로 해야 한다"라는 말이 있다. 번역사 연구의 중심 대상은 사람 중에서도 번역가이며, 따라서 중국 번역사 연구는 중국의 대표적인 번역가들을 중심으로 이루어져야 한다. 20세기 중국의 번역가들은 대부분 전문 번역가는 아니지만 번역 경험이 풍부하고, 특정 사회적 배경의 영향을 받아 번역에 종사하게 된 사례가 많았다. 이들은 민족의 사상 및 문화 간 소통을 위해 큰 역할을 했으며, 이로써 중국 번역사에 커다란 발자취를 남겼다.

이 책은 20세기 주요 중국 번역가들의 번역 생애와 철학에 대한 회고를 통해 이들이 주창한 번역 이론의 사회적 요인을 밝히고 중국의 번역사 발전 과정에서 이들이 미친 영향과 역사적 공헌을 탐구하고자 한다. 즉, 번역 거장과 담론을 종합적으로 탐구함으로써 중국 번역철학 발전의 시대적 맥락을 파악하고, 새로운 세기 중국 번역철학의 발전을 촉진하는 것이 바로 이 책의 집필 목적이라고 할 수 있다.

이 밖에도 필자가 본 연구를 시작하게 된 동기 중 하나는 바로 왕좌량

王佐良 선생의 영향 때문이라고 할 수 있다. 그는 『새로운 시대의 번역관新時期的翻譯觀』에서 중국의 번역계는 "중요한 번역가에 대한 집중적인 연구가 부족하다"라고 지적하고 영향력 있는 번역가의 번역철학을 집중적으로 연구해야 한다고 하면서 이렇게 말했다. "번역가로서의 노신은 몇 권의 책을 번역했는가? 어떤 판본을 저본으로 삼아 번역했는가? 번역문에 소실되거나 첨가된 부분은 무엇인가? 번역철학의 배경(시대적·정치적·문화적 배경 등)은 무엇인가? 그는 자신의 번역철학을 실천에 옮겼는가? 중도에 변하거나 수정된 번역철학이 있는가? 번역계에 어떠한 영향을 주었는가? 번역이 작가 자신의 창작 활동에 어떠한 영향을 주었는가? 동시대의 문화에 어떠한 영향을 끼쳤는가? 오늘날의 평가는 어떠한가? 또한 이상의 질문을 작가이자 번역가인 다른 인물을 대상으로 탐구할 수도 있다." 바로 이러한 주장에 자극을 받아 중국의 번역철학사 연구에 중점을 두고 이 책을 집필하게 된 것이다.

이 책은 중국의 번역사상사를 저술한 최신작으로, 매우 의미 있는 시도라고 할 수 있다. 이 책의 출판이 중국 번역 사업의 발전과 번역 이론 체계의 구축에 큰 보탬이 되리라 믿는다.

여러모로 부족한 필자가 중국의 번역 거장들과 그들의 번역사상을 감히 평하게 되어 매우 조심스럽다. 이 책은 대학원생을 대상으로 수년간 개설한 번역사상사 강의와 연구를 바탕으로 했으며, 보완과 수정을 거쳐 〈외국어 번역 이론 시리즈〉(이미 출간된 이 시리즈의 도서로는 『간단명료한 러시아어·중국어 번역 노트簡明俄漢翻譯教程』, 『문화번역학文化翻譯學』, 『언어와 번역 신론語言與翻譯新論』 등이 있음)의 일환으로 기획되었다.

집필 과정에서 북경외국어대학 교수 채의蔡毅 선생, 중국사회과학원 외국문학연구소 러시아문학 번역가 여소종呂紹宗 선생, 중국현대국제관계연구소 연구원 양결균梁潔筠 선생, 북경사범대학 외국어학부 교수이자 문학 번역가인 정해릉鄭海凌 선생, 북경대학 교수이자 문학 번역가인 장영백張咏白 선생, 그리고 남개대학출판사南開大學出版社의 적극적인 지원과 도움을 받았다. 이 자리를 빌려 도움을 주신 모든 분들께 깊은 감사를 표하는 바이다.

2003년 가을 남개대학에서

왕병흠

서론

중국 고대 불경 번역사상

20세기는 번역의 시대이다.

20세기의 100년은 인류 번역 역사의 황금기였다.

중국 번역의 발전 역사는 찬란한 중화 문명 발전의 축약본이다.

반만년 이어진 중화 문명이 역사의 큰 물줄기 속에서 그 생명력을 잃지 않을 수 있었던 것은 바로 '번역'이 존재했기 때문이다. 계선림季羨林이 말했듯이 중화 문화의 물줄기는 부침은 있었으나 완전히 고갈된 적은 한 번도 없었다. 그 이유는 바로 새로운 유입이 계속되었기 때문이다. 중국 역사상 가장 거대한 신문명의 유입은 인도와 서구 문화의 유입이라 할 수 있다. 그리고 이러한 문명의 유입은 대부분 번역을 통해서 이루어졌다. 다시 말해 중국 문화가 오랜 세월 활력을 유지할 수 있었던 비결은 바로 번역에 있었던 것이다.

중국 번역의 발전사는 대략 다섯 시기, 즉 한수당송漢隋唐宋에 이르는 불경 번역기, 명청明淸 대의 과학 번역기, 청말민초淸末民初 때의 서학 번역기, 5·4운동 이후의 사회과학 및 문학 번역기, 그리고 신중국 번역기로 나눌 수 있다. 각 시기마다 걸출한 번역가가 배출되었으며, 특히 20세기에 등장한 번역 대가들의 번역 이론과 사상은 중국 번역철학의 역사를 더욱 찬란하게 물들였다.

이 책은 중국의 번역사상 발전사를 체계적으로 기술한 저서로서 불경 번역기 및 그 이후 저명한 번역가의 번역사상을 심도 있게 서술했다.

중국은 유구한 역사만큼이나 오랜 번역 역사를 자랑한다. 문헌에 따르면 중국에서 최초로 번역이 행해진 시점은 전국 시대(기원전 475~221년)까지 거슬러 올라가며 최초의 번역 작품은 『초인가越人歌』라고 전해진다. 그밖에 동한東漢 시기의 불경 번역을 중국 문자 번역의 시초로 보는 설도 있다. 이 두 가지 설 간에는 몇 백년의 시간차가 존재한다.

불경 번역의 시초에 대해서도 두 가지 학설이 존재한다. 그중 사학계 및 불학계에서 널리 공인되는 학설은 불경 번역이 서기 67년, 즉 천축天竺[1]에서 건너온 승려 섭마등攝摩騰이 『사십이장경四十二章經』을 번역하면서 시작되었다는 설이다. 섭마등의 『사십이장경』 번역과 관련해 전해져 내려오는 역사적 설화에 따르면, 동한 영평永平 시대(서기 58~75년) 후한後漢 명제明帝가 꿈속에서 머리에 후광이 빛나는 금인金人이 입실하는 것을 보게 되고 다음 날 신하들을 불러모아 꿈풀이를 하게 한다. 신하 중 부의傅毅는 “서역西域[2]에 불佛이라는 신이 있다 하는데 그 신을 꿈속에서 보신 듯하다”라고 진언했고, 이에 공감한 명제는 낭중郎中 채음蔡愔과 박사제자博士弟子 진경秦景을 천축에 파견해 불법佛法을 구하도록 했다. 천

---

1 고대 중국에서 인도 또는 인도 방면에 대해 부르던 호칭. 『두산백과사전』.

2 중국의 서쪽에 있던 여러 나라를 통틀어 이르는 말. 넓게는 중앙 아시아·서부 아시아·인도를 포함하지만, 좁게는 지금의 신장웨이우얼족자치구新疆維吾爾自治區 톈산남로天山南路에 해당하는 타림 분지를 가리킨다. 한漢나라 때에는 36국이 있었으며, 동서 무역의 중요한 교통로로 문화 교류에 공헌이 컸다. 국립국어원, 『표준국어대사전』.

축에 당도한 채음 일행은 섭마등을 만나게 되고 중국에서의 포교에 동의한 섭마등은 축법란竺法蘭과 함께 흰 말에 불경을 싣고 낙양에 도착했다. 명제는 서옹문 밖에 백마사白馬寺를 세웠고 섭마등은 그곳에서 『사십이장경』을 한역했으며 이를 백마사 석실에 보존했다.

또 다른 학설은 불경 번역이 서기 147년에 시작되었다는 설이다. 『고승전高僧傳』에 따르면 동한 말 승려 안세고安世高는 서기 147년에서 170년까지 서역 각국을 유람하고 낙양에 도착한 후 당시 가져온 불경 중에서 『수반수의경守般守意經』과 『인본욕생경人本欲生經』 등 34권을 한역했다. 안세고는 중국 최초의 불경 번역가 중 한 명으로 당대 최고의 번역가로 칭송받았다. 『고승전』에서는 그의 번역에 대해 "의미와 논리가 명확하고 문장이 정확하며, 조리 있으나 화려하지 않고 원문에 충실하면서도 거칠지 않다"[3]라고 묘사하고 있다. 다시 말해 '귀본불식貴本不飾', 즉 문장의 수사적 표현보다는 내용의 충실성을 중시하는 번역을 추구한다는 내용이다. 이처럼 안세고는 "안후安候(安世高), 도위都尉(安玄), 불조佛調(嚴佛調) 3인의 역경譯經은 후세에 계승할 자가 없다"라고 칭송되었고 중국 번역사에서 최초의 직역주의자로도 이름을 남겼다.

불경 번역의 시대 구분과 관련해 일반적으로 중국 고대 불경 번역사는 다음의 세 시기로 구분된다.

초기(동한東漢~서진西晉): 초기 불경 번역은 외국인에 의한 번역이 대부분이었다. 이 시기에는 총 570권의 불경이 번역되었으며 걸출한 불경 번역가들이 대거 배출되었다. 그중 안세고, 지참支讖, 지겸支謙, 축법호竺

---

3 "義理明晳, 文字允正, 辯而不華, 質而不野."

法護(지법호支法護) 등이 가장 대표적이다.

중기(동진東晋~수隋): 이 시기의 불경 번역은 중국과 외국인의 공역이 주류를 이루었다. 총 3,155권의 불경이 번역되었으며 대표적인 번역가 및 번역 평론가로는 구마라집鳩摩羅集, 언종彦琮, 도안道安, 혜원慧遠이 있다.

후기(당唐 초~당 중엽): 불경 번역의 전성기로 자국인에 의한 번역이 주류를 이루었다. 현장玄奘이 이 시기의 가장 대표적인 번역 대가로 꼽힌다.

당 대 이후 중국의 불경 번역 사업은 전성기를 지나 점차 쇠퇴일로를 걷기 시작하고 북송北宋 인종仁宗 때는 침잠기로 접어든다. 중국 번역사의 첫 번째 절정기를 장식한 고대 불경 번역은 형성기, 발전기, 융성기를 거쳐 쇠퇴기로 접어들면서 그 역사적 사명을 완수하게 된다. 그 후 명청 시대 서학西學 서적을 번역하기 시작하면서 두 번째 절정기로 접어든다.

서한西漢 말에서 송宋 대 초기에 이르는 '천년역경운동', 동한에서 수당에 이르는 600년간의 '역경성세譯經盛世' 기간 동안에는 자그마치 2만 권 이상의 불경이 번역되었다. 중국 고대의 불경 번역가들은 방대한 양의 불경을 번역했을 뿐 아니라 자신들만의 고유한 번역 이론과 방법을 제시하기도 했다. 그들의 번역철학은 그 자체로도 중요한 이론적 의미를 지니는 동시에 후대에도 많은 영향을 미쳤다. 따라서 이 시기는 중국 전통 번역사상 형성의 토대를 마련한 단계라고 해도 과언이 아니다.

1. 주요 불경 번역 이론가의 번역관

지겸과 지참의 번역관

불경 번역가인 지겸支謙(3세기)은 동한 말기 월씨국月氏國[4]에서 오나라로 건너와 지참支讖의 제자인 지량支亮의 문하로 들어갔다. 3대에 걸친 이들 사제를 가리켜 '삼지三支'라 칭했는데, 이들은 박식함으로 널리 칭송받았다.

지겸의 스승이었던 지참 역시 월씨국 출신의 불경 번역가였다. 안세고와 함께 당대 최고의 불경 번역가로 이름을 날렸던 지참은 중국에 대승불교의 반야학般若學을 최초로 소개하고 이를 설파한 인물로, 동한 항제恒帝(146~167) 때 낙양으로 왔다. 그는 영제靈帝 광화光和에서 중평中平(178~189) 연간에 『반야도행경般若道行經』(전 10권), 『반야삼미경般若三昧經』(전 3권), 『수능엄경首楞嚴經』을 번역했다. 심무종心無宗의 창시자인 동진의 승려 지민도支敏度는 지참의 번역철학에 대해 "경전을 번역함에 있어 원전의 깊고 현묘한 본질을 중시하고 글을 꾸미지 않는다"라고 평했다. 이처럼 지참은 문체나 형식보다 본연의 의미에 더욱 충실해야 한다는 번역관을 견지함으로써 안세고와 함께 중국 번역사에서 최초의 직역주의자로 손꼽혀왔다.

한편 지겸은 각종 경전을 두루 섭렵했고 6개 국어에 능통한 인물로 알

4 월씨국은 쿠사나kusana라고도 하며, 서역의 큰 왕국이었다. 불교가 흥해 지루가참支婁迦讖 등 많은 승려가 중국에 불경을 전했다. 지량支亮, 지겸支謙, 지법호支法護, 지법도支法度, 지도근支道根, 지시륜支施崙 등 지씨 성을 가진 이들은 월씨국 사람들이다. 5세기경에 멸망한 것으로 보고 있다.

려져 있는데, 위진남북조 시대 오나라의 손권孫權이 집권한 황무黃武 2년부터 손량孫亮이 집권했던 건흥建興 2년까지 약 30년(223~253)간 『대명도무극경大明度無極經』, 『대아미타경大阿彌陀經』, 『본업경本業經』 등 총 36부, 48권의 경전을 번역했다.

지겸은 불경 번역 이론가로도 활약했다. 황무 3년, 무창에 온 유기난維祇難과 축장염竺將炎은 산스크리트어 경전인 『담발경曇鉢經』[5]을 공동 번역했다. 이 번역본은 두 사람의 중국어가 미숙한 관계로 대략적인 의미 전달에 치중했으며 투박하고 건조한 문체가 사용되었다. 지겸은 『법구경法句經』 서문에서 이들의 번역본에 대한 이론적 평가와 함께 자신의 번역관을 구체적으로 서술했다. 이는 번역 이론에 관해 논한 중국 최초의 글로서 번역의 철학적 본질, 형식과 내용의 관계 등에 관한 번역 미학의 문제, 번역 기준 등을 다루고 있다. 또한 여기서 후에 엄복嚴復이 주장한 '신信, 달達, 아雅'라는 중국 3대 번역철학의 원형을 엿볼 수 있는데 그 구체적인 내용은 다음과 같다.

신信의 정신: 지겸은 『법구경』 서문에서 '본질을 전달하라傳實', '본질을 귀하게 여기라貴其實', '그 뜻을 잃어버리지 말라勿失厥義', '본래의 뜻을 따르라因循本旨' 등의 표현을 사용함으로써 원전이 함축하고 있는 진정한 의미를 전달해야 한다고 강조하고 있다. 이것이 바로 진리와 믿음을 추구하는 '신信'의 정신이다.

달達의 정신: 지겸은 "경전을 전하는 자는 읽는 이가 쉽게 이해할 수

---

5 『담발경』은 팔리어 단마파다Dhammapada를 번역한 것으로 현재는 『법구경』이라 불리고 있다. 석가가 팔리어로 말한 423편의 시구를 2세기경 인도의 불교학자인 달마트라타가 선별해 엮은 경전이 『담발경』이다. 송원스님, 『알기 쉬운 법구경』, 창작시대사, 2009.

있도록 써야 한다"라고 주장하며 이해하기 쉽고 막힘없이 읽히는 번역문을 강조했다.

아雅의 정신: 지겸은 "천축의 말은 능하나 중국어는 서툴러 그 뜻을 전함이 사뭇 투박하다(투박한 번역은 직역주의 이론의 핵심이다)"라고 지적하면서 축장염의 투박한 번역을 비판했다. 이를 통해 알 수 있듯이 세련된 문체를 추구하는 '아雅'의 개념은 불경 번역에서도 이미 하나의 기준으로 자리 잡고 있었다.

이처럼 1700년 전 지겸이 제시한 불경 번역의 기준은 중국 번역사상의 근본 토대를 형성했을 뿐만 아니라 훗날 엄복이 '신, 달, 아'라는 번역 원칙을 세우는 이론적 바탕이 되기도 했다.

경전의 번역에 있어 지겸이 고수한 원칙은 한마디로 의역이었다. 의역주의자였던 그의 번역문은 항상 "성인의 뜻을 전함에 있어 그 문체가 우아하다"라는 평을 얻었다.

도안의 번역관

도안道安(314~385)은 동진東晉, 전진前秦 시대의 고승으로 불경 번역 평론가이기도 했다. 그는 평생 반야학에 매진한 6대 반야학자 중 하나로 '본무종本無宗'을 창시했고 불경 번역 사업에도 큰 공헌을 했다. 불경 역장譯場을 관리했던 도안은 기존의 경전 번역본을 신중히 검토해 문체를 수정했다. 그의 감독하에 번역된 경전은 "원본에 의거해 그 뜻을 전달하고, 뜻을 해치는 말장난은 허하지 않았다"[6]라고 한다. 즉, 축자 번역을 원칙으로 하여 원본에 대한 어떤 가감도 허락하지 않았던 것이다. 그는

"원문의 본질을 전달하기 위해서는 마땅히 직역을 해야 한다"라고 생각했다. 이처럼 도안은 철저히 직역주의 노선을 걸었던 인물이었다. 그는 불경 번역에서 '오실본五失本, 삼불이三不易'라는 번역 원칙을 내놓았는데 이는 중국의 번역사상에 지대한 영향을 미쳤다.

오실본五失本[7]: 산스크리트어 원전을 중국어로 번역할 때 원래의 뜻을 잃어버리게 되는 다섯 가지 경우

(1) 원전과 중국어의 문장 배열이 서로 다른 경우
(2) 원전은 수식이 적은 소박한 문장인 반면 중국어는 문장의 수식을 선호해 그 기호에 맞추어 번역함으로써 원래의 소박함을 잃어버리는 경우
(3) 원전의 문장은 반복이 많은 반면 중국어로 번역할 때는 반복된 부분을 생략하는 경우
(4) 원전의 문장에는 어구語句를 풀이한 설명이 많은 반면 중국어로 번역할 때는 그 설명문을 삭제하는 경우
(5) 원전은 단락이 바뀔 때마다 이미 서술한 내용을 다시 반복한 문장이 많은 반면 중국어로 번역할 때는 중복된 부분을 삭제하는 경우

삼불이三不易[8]: 산스크리트어 원전을 중국어로 번역할 때 옮기기 쉽지 않은 세 가지 이유

(1) 경전은 그 시대의 언어와 풍속 등에 따라 설해졌는데, 언어와 풍속

---

6 "案本而傳, 不令有損言游字."
7 곽철환, 『시공 불교사전』, 시공사, 2003, p. 510.
8 곽철환, 『시공 불교사전』, 시공사, 2003, p. 326.

은 시대에 따라 변하는 것으로 이를 극복하기가 쉽지 않음.

(2) 성인과 범부의 격차가 매우 크고, 먼 옛날에 설해진 성인의 가르침을 아득한 후세의 범부가 번역하기가 쉽지 않음.

(3) 아난阿難이 제1차 결집結集에서 붓다의 가르침을 외울 때는 붓다의 입멸 직후였고 더욱이 많은 성자들이 그것을 충분히 검토한 다음에 기록했는데, 그 기록을 후세 사람의 천박한 지식으로 번역한다는 것이 쉽지 않음.

도안이 말한 '실본失本'이란 번역을 하는 과정에서 원문의 내용이나 형식이 사라지는 것을 말한다. 다시 말해 번역자가 불경을 번역할 때 언어 간의 차이점(어법, 수사, 문체, 서술 방식 등)과 사고방식의 차이를 감안해 변형을 가하는 것이다. 이른바 '실본'의 목적은 중국어의 규범에 맞는 번역문을 생산하기 위함이다. 이는 원작의 본질을 잃는 대신 번역문의 본질을 얻겠다는 도안의 지혜가 잘 드러나는 대목이다. 즉 '실失'은 '득得'을 위한 것이요, '득'으로 '실'을 보완할 수 있다는 일종의 변증법적 사고를 취한 셈이다. 도안은 "실본 없는 번역은 불가능하다"라고 못 박으며 번역 과정에서 실본의 절대적 필요성을 강조했다.

한편 '삼불이'는 산스크리트어 경전을 번역할 때 직면하는 어려움을 토로한 내용으로서 번역자가 이를 극복하기 위해서는 고대 산스크리트어와 선현들의 지혜를 이해하려는 절차탁마의 노력을 기울여야 한다고 강조했다. 이처럼 '오실본, 삼불이'는 도안의 변증법적 번역사상의 결정체라고 할 수 있다.

구마라집의 번역관

구마라집鳩摩羅什(344~413)은 후진後秦의 고승이자 불경 번역가로, 중국 이름은 동수童壽이다. 서역의 구자국龜玆國에서 출생했으며 본적은 인도로, 조부가 인도의 재상을 역임했다. 어려서부터 경전을 배워 박학다식했을 뿐 아니라 중국어와 산스크리트어에 모두 능했으며 서역 각국을 두루 다니며 불경을 섭렵했다. 홍시弘始 3년(403) 장안長安으로 이주한 후 불경을 번역하기 시작해 일생에 걸쳐 불경 74부, 384권을 번역했다. 대표적인 역서로는 『대품반야大品般若』, 『법화경法華經』, 『금강경金剛經』, 『유마힐維摩詰』 등이 있다. 그는 매우 영향력 있는 번역사상을 주창했으며 중국 고대 불경 번역의 새로운 장을 열었다고 평가받는다.

구마라집은 원작의 문체를 그대로 전달해야 한다는 '이신위본以信爲本'의 번역사상을 강조했다. 즉, 번역에서 '신信'의 기초 위에 '미美'를 추구함으로써 양자의 조화와 통일을 실현하고자 했다. 따라서 구마라집의 번역은 자연스러운 중국어로 전달하되 원문의 의미를 거스르지 않으며, 완곡하고 함축적인 표현을 통해 운율을 살려냄으로써 "문장이 유창하고 적절하다"라는 평가를 받고 있다. 그는 불경 번역 의역파의 대표적인 인물이자 번역계의 거장이라 할 수 있다.

또한 구마라집은 천재적인 불교 문학 번역가이기도 하다. 그가 번역한 『유마힐』, 『법화경』(『묘법연화경妙法蓮華經』)은 당시 널리 유행했을 뿐만 아니라 상당한 문학적 영향력을 지닌 책이었다. 『유마힐』은 소설과 희곡의 중간 형태를 띠는 문학 작품으로, 문학계에 큰 영향력을 미쳤다. 『법화경』 또한 문학적 의의가 상당히 크며, 그 안에 실린 몇 편의 우화는 세계 문학사에서도 아름다운 우화로 손꼽힐 정도이다. 『법화경』의 중역본은 중국 불교 문학의 대표작으로서 지금까지 전해 내려오고 있다. 구마라집의 번역에 대해 호적胡適은 다음과 같이 평가한다. "구마라집이 번역한 책은 화려한 수식과 형식적인 부분을 배제했지만 여전히 문학성을 갖추고 있다. 이는 역자의 문학적 자질이 자연스럽게 배어난 것이기도 하지만 한편으로는 '밥알을 씹어 독자와 공유'하기 위해 역자가 의도적으로 노력한 결과이기도 하다. 즉, 그는 완곡하게 원문의 의미를 전달하되 사실에 근거해 함의를 보존함으로써 문학성을 구현했다."

언종의 번역관

언종彦琮(557~610)은 수隋 대 불경 번역가이자 번역 평론가이다. 14세 때 북제北齊로 건너가 경론經論을 강설했고, 북주北周 무제武帝 때 21세의 나이로 통도관 학사通道觀學士로 선발되어 궁중에 들어갔다. 개황開皇 3년(583)에 칙명을 받들어 불경을 번역했고, 개황 12년(592)에는 수도에 위치한 대흥선사大興善寺로 들어가 불경 번역을 주관했다. 대업大業 2년(606), 낙양洛陽 상림원上林園 번역관飜譯館에서 23부, 100여 권에 이르는 불경을 번역했다. 『승관론僧官論』, 『변정론辯正論』 등 여러 편의 저서가 있으며 그중에서 『변정론』이 가장 유명하다. 이 저서에서 그는 불경 번역자가 마땅히 갖추어야 할 8가지 조건[9]에 대해 다음과 같이 논했다.

> 첫째, 진심으로 불법을 사랑하고 뜻을 세워 남을 도우며 번역에 오랜 시간이 드는 것을 두려워하지 않는다. 둘째, 품행이 단정하고 진실하며

---

9 법문란范文瀾(Fan Wenlan), 『중국통사中國通史』 중 백화문 해설.

신뢰할 수 있어 남의 의심이나 비난을 사지 않아야 한다. 셋째, 경전을 두루 읽어 핵심 의미를 꿰뚫고 있어야 하며 애매한 부분이나 의문점을 남겨두어서는 안 된다. 넷째, 중국 경서와 역사서를 섭렵하고 문학에도 정통하여 서투름이나 모자람이 없어야 한다. 다섯째, 도량이 넓고 겸허히 이익을 추구하며 독단적으로 고집을 피우지 않아야 한다. 여섯째, 도술을 깊이 사랑하고 명예와 재물을 중시하지 않으며 자신을 내세우기 좋아해서는 안 된다. 일곱째, 산스크리트어에 정통하고 정확한 번역법에 숙련되어 산스크리트어 원본에 담긴 요지를 놓치지 말아야 한다. 여덟째, 중국 훈고학에도 정통하여 번역본에서 글자가 잘못 쓰이는 일이 없도록 해야 한다.

이중에서 첫째, 둘째, 다섯째, 여섯째 항목은 번역자의 덕목인 '역덕譯德'을 일컬으며, 셋째, 넷째, 일곱째, 여덟째 항목은 번역자의 능력인 '역재譯才'를 의미한다. 불경 번역자라면 이 같은 재덕을 모두 겸비해야 한다는 것이 주요 논지이다. 이는 중국 번역사에서 번역자의 자질에 대해 논한 최초의 글이기도 하다. 언종은 불경 번역에 대한 직역과 의역 논쟁에서 "소박할지언정 이치를 분명히 나타내어야 하며, 기교를 중시해 원문의 뜻을 거스르는 일이 없어야 한다"라는 주장을 펼쳤는데 이로 미루어볼 때 철저한 직역론자에 속한다고 할 수 있다.

현장의 번역관

현장玄奘(602~664)은 중국 불경 4대 번역가 중 한 명이다. 낙양 출생으로 속세에서의 성은 진陳, 이름은 위褘였다. 조부는 제齊나라 국자박사國

子博士를 역임했으며, 부친인 진혜陳惠는 수나라 강릉령江陵令을 역임했는데 평소 유학을 깊이 연구하며 영예와 이익을 추구하지 않았다. 현장은 부친과 성격이 매우 비슷했으며 용모가 범상치 않았다. 어려서부터 총명해 각종 경서를 두루 섭렵했던 그는 열한 살 때 이미 『법화法華』, 『유마維摩』 등 경전에 통달했으며 2년 후 낙양에서 승적에 올라 평생 험난하고 고된 길을 걸었다.

나라의 정세가 불안했던 수당 교체기 무렵, 현장은 넉넉하고 안정적인 경제 여건 덕분에 당시 불교의 중심지였던 사천四川으로 이주할 수 있었고, 3년에 달하는 각고의 노력 끝에 주요 불교 경전에 정통하게 되었다. 20세가 되어 성도成都에서 구족계具足戒를 받았으며 이는 현장이 평생 부처를 섬기고 수행에 매진하는 새로운 시작점이 되었다. 장안의 정국이 안정된 후 다시 장안으로 돌아온 현장은 특유의 지혜와 재능을 내보이며 불법의 이치를 탐구하고 각종 학설을 낱낱이 연구해 당시 고승들에게 불교의 '천리마'라는 찬사를 받았다.

현장은 각종 경전을 섭렵하는 과정에서 의문점이 하나둘 늘기 시작했다. 불교의 종파에 따라 경전의 의미가 다르거나 뜻이 통하지 않는 경우가 많아 무엇을 따라야 할지 종잡을 길이 없었기 때문이다. 이에 불경의 참된 의미를 구하기 위해 당 태종太宗 정관貞觀 원년(627)에 "서쪽에서 죽을지언정 동쪽으로 살아 돌아가지 않는다"라는 비장한 각오로 천축국(인도)을 향해 떠났다. 불교의 경전을 가져오기 위한 긴 여정은 수만 리에 이르렀으며 17년 동안이나 지속되었다. 그는 장안을 출발해 옥문관玉門關, 이오伊吾를 거쳐 고창高昌에서 3년 간 불경을 강의했다. 이후 서역 각국과 설산을 거쳐 인도에 도착한 후 최고 대학인 나란다 사원에서 불교 연구에 힘썼다. 그곳에서 큰 학문적 성과를 거둔 현장은 당 정관

19년(645) 정월 25일, 방대한 불교 원서를 가지고 장안으로 돌아왔다. 친히 현장을 마중 나온 당 태종은 그에게 환속해 관직에 오를 것을 권했지만 현장은 이를 완곡히 사절하고 장안의 홍복사弘福寺에 남아 불경을 번역했다. 이듬해 칙명을 받들어 서쪽에서 보고 들은 견문에 대해 강연했으며, 이를 제자 변기辯機가 정리해 『대당서역기大唐西域記』라는 책으로 펴냈다. 이밖에도 현장은 대승유식大乘唯識 교리를 주창해 법상유식종法相唯識宗의 시조라 일컬어진다.

인도에서 불경 657부를 가지고 돌아온 현장은 당 태종 정관 19년부터 당 고종高宗 용삭龍朔 3년에 이르는 19년(645~663) 동안 총 75부, 1335권에 달하는 불경을 번역했다. 산스크리트어에 능통했던 현장의 번역문은 정교하고 아름다우면서도 빈틈이 없고 훌륭했다. 그는 화려한 변문騈文 대신 소박한 산문체를 사용해 불경의 내용과 풍격을 충실하게 전달하는 데 성공함으로써 훗날 중당中唐 시기에 전개된 문체개혁운동에 중요한 단초를 제공했다. 뿐만 아니라 방대한 양의 불경을 번역해 후대에 지대한 영향을 미쳤다. 현장의 대표적인 역서로는 『대반야바라밀다경大般若波羅蜜多經』을 비롯한 유가행파瑜伽行派(唯識派)의 경전들을 들 수 있으며 산스크리트어로 번역한 역서로는 중국의 철학 경전인 『노자老子』를 꼽을 수 있다.

현장은 "원문에 충실하면서도 중국어의 언어 규범에 부합해야 한다"라는 번역 원칙을 강조했으며 도안의 직역법이나 구마라집의 의역법에 모두 반대하며 '직역과 의역의 완벽한 결합'을 주장했다. 그 결과 원문에 대한 충실성과 도착어의 문체 형식이 이상적으로 조화를 이룬 번역문이 탄생했는데, 중국 번역사에서는 이를 '신역新譯'이라 한다.

현장은 불경 용어의 번역에도 기여한 바가 크다. 그는 이와 관련해

'오종불번五種不飜'[10]이라는 번역 원칙을 제창했는데 그 내용은 다음과 같다.

첫째, '다라니陀羅尼'와 같이 비밀스럽고 심오한 용어는 번역하지 않는다. 둘째, '박가薄伽'와 같이 두 가지 이상의 뜻을 지닌 다의어는 번역하지 않는다. 셋째, '염부수閻浮樹'처럼 중국에 없는 사물을 지칭하는 단어는 번역하지 않는다. 넷째, '아누보리阿耨菩提'와 같이 오래 전부터 사용되어 이미 관용적으로 굳어진 말은 번역하지 않는다. 다섯째, '반야般若'처럼 번역하게 되면 오히려 원문의 의미가 퇴색하는 용어는 번역하지 않는다.

현장의 '오종불번' 원칙은 후대 번역가들의 번역 작업에 많은 영향을 끼쳤는데 특히 20세기 초 중국에서 있었던 '역명譯名' 논쟁에서 중요한 지침으로 작용했다.

현장법사玄種法師는 중국 역사에서 손꼽히는 걸출한 인물이자 불교 역사에서도 높이 추앙받는 고승이다. 또한 훌륭한 덕행과 뛰어난 업적으로 시대를 초월해 많은 사람들의 존경을 받고 있으며 중국 고대의 가장 위대한 번역가이자 언어학자라는 평가를 받고 있다. 현장의 한역 불전을 연구한 바 있는 인도의 프라단 프랄라드Pradhan Prahlad 교수는 「위대한 번역가, 현장偉大的飜譯家玄奘」이라는 글에서 그를 "동서를 막론하고 인류 역사상 가장 위대한 번역가"라고 극찬했다.

서한 말부터 송 대 초까지 불경 번역이 활발히 진행되었던 천 년의 시간 동안, 중국에서는 번역의 철학적 본질 및 미학적 원칙, 번역의 기준, 번역 문체, 번역의 방법론, '직역' 대 '의역' 논쟁 등 번역의 기본 원칙을

---

10 '불번不飜'이라 함은 의역이 아닌 음역音譯으로 번역하는 것을 말함. 진복강陳福康, 『중국번역이론사고中國飜譯理論史稿』, 상해외어교육출판사上海外語教育出版社, 2000, p. 34 .

둘러싼 논쟁이 수백 년 가까이 끊이지 않고 계속되었다.

위에서 언급한 번역의 대가들뿐만 아니라 재능과 학식을 겸비한 많은 불교계 인사들도 저마다 날카로운 시각을 담은 번역관을 내놓았는데, 이처럼 번역에 대한 소견을 담은 '명언'들은 모두 불경 번역 이론의 중요한 부분을 차지하고 있다. 또한 '직역과 의역'에 관한 다양한 번역 소견들 역시 중국의 번역이론사에서 빼놓을 수 없는 귀중한 자산으로 평가받으며 지금까지도 중국 번역계에 지대한 영향을 미치고 있다.

2. 중국 불경 번역사상의 역사적 공헌

중국 전통 번역 이론의 기틀 마련

불경 번역 초기에는 '직역' 중심의 번역이 유행했으며 후진의 구마라집에 이르러서는 '의역' 중심의 번역이 이루어졌다. 그 후 수나라 언종에 이르러서는 다시 '직역' 중심의 번역 방법이 주를 이루다가 당나라 현장 때에는 '직역'과 '의역'의 완벽한 조화를 추구하는 번역 방법, 즉 '신역'이 중심이 되었다. 이처럼 중국의 불경 번역은 방법론의 변화와 진화를 거듭하며 중국 전통 번역 이론의 기틀을 마련했다.

'직역에서 의역, 그리고 다시 직역에서 신역'으로 이어진 중국 불경 번역의 역사적 발자취는 각 시대마다 번역이 지닌 사회적 지위와 특성을 여실히 반영하고 있다. 또한 이를 통해 번역의 기준이 만고불변의 법칙으로 귀결되는 것이 아니라 시대의 흐름에 따라 끊임없이 변화하는 것임을 보여준다.

중국 문학 발전의 원동력

구추백瞿秋白은 깊은 통찰력과 풍부한 학식을 바탕으로 불경 번역이 중국 문학에 미친 공헌에 대해 다음과 같이 객관적이면서도 예리한 평가를 내린 바 있다.

첫째, 불경 번역은 중국이 최초로 인도 게르만어족 가운데 가장 복잡한 언어인 산스크리트어(범어梵語)를 모국어인 중국어로 옮긴 것이다. 둘째, 불경 번역은 백화白話의 상용화를 주도했다. 송 대 유학儒學이 등장한 이후의 어록은 사실 불경의 모방에서 시작되었다. 현존하는 자료에 따르면, 중국 최초의 백화 문학 역시 불경의 영향을 받아 탄생한 것이다. 뿐만 아니라 돈황석굴敦煌石窟에서 발견된 당唐·오대五代의 통속 문학 자료도 사실은 최초의 설서說書 기록이다. 따라서 한 대부터 당 대까지 진행된 불경 번역의 발전은 문언문文言文에서 백화문白話文으로의 발전을 의미한다고 볼 수 있다.[11]

이와 같은 문체상의 변화는 비록 '문언문 중심, 백화문 일부 혼용'의 수준에 그쳐 완전한 의미의 '진화'로 보기는 어렵지만 중국 번역사상사에 기록된 최초의 문체혁명文體革命이라는 점을 감안할 때, 그 역사적 의미는 크다고 할 수 있다.

호적은 불경 번역이 중국의 문학 발전에 미친 지대한 영향에 대해 다음과 같이 평가했다.

첫째, 불경 번역의 대가로 불리는 유기난, 축법란, 구마라집 등이 쉽고 평이한 백화체로 불경을 번역하면서 중국 문학계에 새로운 문체가 출현

---

11 구추백瞿秋白, 『번역에 관한 재론再論飜譯』, p. 34.

하게 되었다. 이는 백화체의 지위를 격상시켰으며 당 대 이후 다양한 문학이 꽃필 수 있는 토양을 제공했다. 둘째, '상상력의 보고寶庫'라고 할 수 있는 불교 문학은 '상상력의 불모지'라고 해도 과언이 아닌 중국 고대 문학에 변화의 기회를 제공했다. 따라서 중국의 낭만주의 문학은 인도 문학의 영향을 받아 탄생했다고 할 수 있다. 셋째, 불경은 소설 혹은 희곡의 형식을 띠는 경우가 많았다. 따라서 이러한 문학 장르의 유입은 후대의 탄사彈詞, 평화評話, 소설 및 희곡의 발달과 직간접적으로 관련되어 있다고 볼 수 있다.

1부

중국 번역사상의 형성기

구국의 열정을 담아낸 번역가 양계초

'신信, 달達, 아雅'의 창시자 엄복

구국의 열정을 담아낸 번역가 양계초

양계초梁啓超(Liang Qichao, 1873~1929)는 근대 중국의 자산 계급 출신 유신 사상가이자 애국주의 번역가였으며 번역 평론과 번역의 역사에도 조예가 깊었다. 또한 중국 최초로 자산 계급적 역사관과 방법론을 이용해 중국의 역사를 연구한 저명한 역사학자이기도 했다. 정치, 경제, 역사, 종교, 문학, 예술, 언어학 등 다양한 분야를 아우르는 그의 저술은 『음빙실합집飮氷室合集』[1]이라는 제목으로 출판되었다.

1. 유신 사상가 양계초

양계초는 광동성廣東省 신회현新會縣 출신으로, 자는 탁여卓如, 호는 임

1 1911년 양계초는 망명지였던 일본에서 귀국해 천진의 이탈리아 조계지에 거처를 마련하고 음빙실이라는 별채를 지었다. 음빙실의 '음빙'은 『장자莊子』의 "아침에 출사의 명을 받으니 저녁에는 얼음을 먹어 타는 가슴을 식혀야겠구나"라는 문구에서 따온 말로 기울어져 가는 국운에 대한 그의 우려가 잘 드러난 명칭이라 할 수 있다. 양계초는 이 음빙실에서 수많은 저작을 남겼다 — 옮긴이 주.

공任公이다. 『음빙실합집』을 출판하면서 '음빙실 주인장'으로 불리기도 했다. 어려서부터 남달리 총명했던 그는 14세에 향시를 우수한 성적으로 통과하고 시재에도 뛰어난 재능을 발휘해 신동으로 불리었다. 18세가 되던 1890년, 과거에 급제해 상해제조국上海製造局에서 번역을 시작하면서 처음으로 서구 문물과 사상을 받아들이게 된다.

양계초는 1890년 가을 광주 만목초당萬木草堂에서 강유위康有爲에게 사사해 중국을 비롯한 여러 나라의 역사와 정치, 문화 등을 공부했다. 강유위는 불교, 유교 등 전통 사상을 중심으로 역사학과 서양 학문(서학西學)의 방법론을 채택해 구국의 지혜를 널리 구하고자 했다. 그가 쓴 『장흥학기長興學記』는 양계초가 이후 연구에 임하는 데 지침과 같은 역할을 했다. 양계초는 『장흥학기』와 『인학仁學』이야말로 자신의 모든 연구 업적을 탄생시킨 일등공신이라고 했다. 이렇듯 양계초는 강유위의 문하에 있으면서 동서양의 학문을 두루 접할 수 있었으며 강유위와 더불어 유신변법운동의 주축이 되었다. 1895년 그 유명한 '공거상서公車上書' 사건[2]을 계기로 양계초는 강유위의 가장 믿음직한 동료로서 변법운동에 앞장섰다.

1896년 양계초는 상해에서 『시무보時務報』를 출판하고 변법운동을 추진했다. 그는 「변법통의變法通議」, 「개혁이란 무엇인가釋革」 등 10여 편의 글을 통해 봉건 제도의 폐해를 고발하고 보수파의 수구 사상을 비판

2 공거公車란 원래 과거 응시자들이 이용하는 마차였으나 후에 과거시험에 응시하는 것을 가리키는 말로 바뀌었다. 1895년 북경에 모인 과거시험 응시자들은 시모노세키조약(마관조약) 체결 소식을 듣게 된다. 강유위는 1300여 명의 서명을 받아 조약 체결을 반대하는 내용의 상서를 황제에게 올렸는데 이를 '공거상서'라고 한다. 이들의 노력은 비록 실패로 끝났지만 이를 계기로 사인士人의 정치 참여를 불허한 청 조정의 금령이 폐지되었으며, 이후 이 상서를 광서제가 직접 읽게 됨으로써 유신변법을 실시하는 계기가 되었다.

했다. 이처럼 양계초는 변법자강운동을 적극적으로 전개하면서 그 이름을 떨치게 되었다. 그는 「변법통의」와 「개혁이란 무엇인가」에서 '변법'의 의미와 '개혁'의 의의에 대해 자세히 설명하고 있다. 「변법통의」에서 양계초는 '변變'이란 천하의 이치를 이르며 '법法'이란 그 그릇이 되는 요소로 '변법'이야말로 구국의 길이라 천명했다. 「개혁이란 무엇인가」에서는 진화론의 '적자생존'이 생태계뿐만 아니라 국가의 운명에도 적용된다고 했다. 또한 개혁이야말로 나라를 구할 수 있는 유일한 방법이라고 역설했다.

유신파의 거목이었던 양계초는 변법운동을 통해 나라를 구하기 위해서는 서양의 학문을 배워야한다고 생각하고 서양 서적의 중국어 번역 작업에 박차를 가했다. 그는 「번역서에 관하여論譯書」에서 서구 문물과 사상을 배워 나라를 구하기 위해서는 번역이 가장 기본적이고 중요한 작업임을 강조했다.

1897년 양계초가 호남湖南 시무학당時務學堂에서 중국 문학을 가르칠 당시 중국에는 많은 잡지가 발간되고 학당이 설립되어 우수한 인재를 양성해냄으로써 서학과 유신변법의 정신이 널리 보급될 수 있었다. 양계초는 「무술정변기戊戌政變記」에서 시무학당, 남학회南學會 등이 설립되면서 수많은 능력 있는 인재가 배출되어 구국 활동에 나서고 있다고 묘사했다. 양계초는 인재를 길러내고 우수한 중국 문화를 발굴하기 위해 교육에 힘을 쏟았다. 그의 스승 강유위 역시 교육의 중요성을 일찌감치 깨닫고 있었다. 특히 중국 국민의 근본적인 사상 개혁을 위해서는 신식 학당을 통한 교육밖에 없다고 생각했다. 이에 부응해 처음으로 신식 교육 기관인 경사대학당京師大學堂[3] 설립을 추진한 인물이 당시 형부刑部 좌시랑左侍郞이었던 이서분李瑞棻이었다. 이서분은 양계초의 적극적인 독려하에 수차례 광서제光緖帝에게 신식 교육 기관의 설립을 건의했다. 이들의 노력은 드디어 빛을 발해 1898년 7월 3일, 양계초가 초안을 작성한 「경사대학당장정京師大學堂章程」이 황제의 승인을 거쳐 최종안으로 채택되었다. 경사대학당은 중국 최초의 신식 교육 기관으로, 서양의 선진 교육 제도를 받아들여 경전과 유교 사상 등 전통적인 학문 외에도 수학, 경제학, 의학, 공학, 광물학, 정치학 등 25개에 이르는 과목을 가르쳤다. 1898년 12월 문을 연 경사대학당은 양계초의 사상에 입각해 '중국과 서양의 문물과 사상에 고루 정통하여 어느 한쪽으로 치우침이 없는 교육'을 추구했다. 경사대학당은 수천 년간 지속해오던 봉건 교육 제도가 사라지고 새로운 교육 제도가 시작되었음을 알리는 상징적인 의미를 지닌다.

교육 제도의 서구화 외에도 양계초는 "부강한 국가를 만들기 위해서는 서양 서적을 많이 번역해야 하며, 학문의 발전을 위해서는 서학 서적을 많이 읽어야 한다"라고 주장하는 등 번역서 출간에도 적극적이었다. 1896년 양계초는 『서학서목록西學書目表』, 『서학서적 독서법讀西學書法』을 출간해 관련 서적을 소개하는 등 서학의 영향력을 한층 확대했다. 1897년에는 상해에 대동역서국大同譯書局을 세우고 세계 각국의 개혁 관련 서적을 번역해 중국의 변법운동에 모범 사례로 삼았다. 1898년 광서제는 상해역서국上海譯書局을 역서관국譯書官局으로 개명하고 양계초에게 관리를 일임했다. 같은 해 역서관국은 다시 광지서국廣智書局으로 명칭이 변경되었으며 유신변법 관련 번역 서적 출판 기관으로서의 역할을 수행했다. 양계초를 비롯한 유신파 인사들이 이곳에서 변법 개혁에 필

3 지금의 북경대학의 전신이다.

요한 서적들을 번역했다.

무술정변이 일어나면서 변법운동이 실패로 돌아간 후 양계초는 일본으로 망명해 동경에서 지인들과 함께 『청의보清議報』를 창간했다. 또한 1899년에는 고등대동학교高等大同學校를 설립하고 일본으로 유학 온 학생들이 본격적인 수업을 받기 전에 이곳에서 예비 수업을 받도록 했다. 이후 양계초는 하와이, 인도, 호주 등을 여행했으며 중화민국 건국 원년인 1911년에는 유럽으로 건너가 파리, 런던 등 20여 개 도시를 방문하고 유럽의 선진 문물을 체험했다. 그는 이 여행이 끝난 뒤 다시 미국으로 건너가 뉴욕, 워싱턴 등 대도시를 돌며 미국의 사회·교육 제도 등을 시찰했다.

강유위와 양계초가 주축이 된 변법운동은 처음으로 자산 계급이 국가 권력과 정치에 개입할 수 있는 기회를 마련해주었다. 또한 변법운동은 제국주의 열강의 위협 아래 국가의 존망이 걸린 위기의 시대에 서학을 이용해 나라를 구하고자 하는 구국 개혁운동이었다.

2. 애국주의 번역가 양계초

양계초는 자본주의 관련 서적에서부터 마르크스주의, 문학 서적에 이르기까지 수많은 책들을 번역했다. 특히 그는 서구 자본주의 사상을 중국에 소개한 대표적인 번역가로, 1899년에는 『청의보』에 요한 블룬칠리Johann Kaspar Bluntschli의 『근대 국가론國家論』(*Lehre vom modernen Staat*)을, 1902년에는 광지서국을 통해 『국가학 강요國家學綱領』(*Die Elemente der Staatskunst*)를 번역해 출판했다. 양계초는 블룬칠리를 국가주의 사상을 발전시킨 장본인으로 평가했다. 블룬칠리의 국가주의 사상에 따르면 국민으로서 가장 중요한 의무는 바로 '애국'이었다. 양계초는 애국심이야말로 한 나라의 힘의 원동력이라고 강조했다.

양계초는 블룬칠리 외에도 몽테스키외와 마르크스 사상을 처음으로 중국에 소개한 장본인이기도 하다. 또한 1902년 출간된 『진화론자 벤자민 키드의 학설進化論革命者頡德之學說』에서 당시 독일 철학의 양대 산맥으로 마르크스의 사회주의와 니체의 개인주의를 꼽은 뒤, 이 가운데 특히 사회 부조리의 원인을 강자의 약자에 대한 약탈로 규정하고 있는 마르크스 사상에 주목한다. 일련의 연구를 통해 양계초는 학문적 역량의 중요성을 깨닫고 서구 사상과 문화를 중국에 소개하기 위해 전력을 다했다. 그는 자신이 창간한 『청의보』와 『신민총보新民叢報』를 통해 수많은 서양의 철학 사상을 소개했다.

철학 서적 외에 다수의 서양 문학 작품 역시 양계초를 통해 중국에 소개되었다. 그는 주로 일본어 번역본을 중역했는데 처음으로 번역한 외국 소설은 시바 시로柴四郞의 「가인의 기우佳人奇遇」로 『청의보』에 실렸다. 1902년에는 쥘 베른Jules Verne의 『15소년 표류기十五小豪傑』를 번역했는데, 이는 모리타 시켄森田思軒이 영어에서 일본어로 번역한 것을 다시 중국어로 중역한 작품이다.

양계초는 소설을 번역할 때 자신만의 이론과 철학을 가지고 접근했다. 그는 『음빙실합집』에서 "글자가 아닌 의미를 번역했으며 모리타 시켄이 일본어의 격조에 맞추되 원문의 의미를 조금도 훼손하지 않았다고 천명했듯이 나 역시 원문에 충실해 쥘 베른 본인이 다시 읽어도 아무런 트집을 잡지 못할 정도로 아주 작은 오류도 없도록 했다"라고 밝혔다. 실제로 양계초는 뛰어난 문장력으로 번역이라기보다는 재창작이라고 해도 손색이 없을 정도로 훌륭한 작품을 내놓았다.

외국에 대한 지식이 전무했던 당시, 양계초는 중국인들이 받아들이기 쉬운 방식으로 번역을 함으로써 새로운 것이 주는 거부감을 최소화하여 많은 사람이 작품의 가치를 알아보고 이를 수용할 수 있도록 했던 것이다.

번역강국飜譯强國

양계초는 "작금의 세상에서 강국强國이 되기 위한 첫걸음은 두말할 필요 없이 서적 번역"이라고 설파했다. 즉, 중국이 위기 국면을 타개하려면 번역 사업의 활성화가 선행되어야 한다는 것이다. 그는 활발한 번역 사업 덕분에 강성해진 서구권 국가들의 전력前歷을 본받아야 한다고 강조했다.

> 태서泰西(청 말 유럽을 일컫는 말—옮긴이 주) 여러 나라들이 강성한 이유는 무엇인가? 태서 지역 자연과학의 원류는 그리스이며, 법률정치학의 원류는 로마로 거슬러 올라간다. 구주歐洲 각국은 나라마다 당대 문자로 그리스, 로마의 고서들을 번역해 책으로 만들었으며, 학관學官을 세우고 이들 번역서를 과목별로 배열해 거국적으로 학습했다. 이로써 그 안의 법도를 받들고 제도를 선택적으로 수용하며 지금과 같은 문명의 발달을 이루었다. (「번역을 논하다論飜譯」)

그는 번역을 통한 국력 강화의 정당성을 입증하기 위해 러시아와 일본이 약소국에서 강국으로 도약한 사례도 덧붙이고 있다.

> 험난하고 척박한 북쪽 변방에 위치한 러시아는 수년 동안 몽고의 지배를 받아왔으며 법령 제도도 혼란 그 자체였다. 표트르 대제가 외국의 책들을 모아 러시아어로 번역해 대중을 교화했기에 오늘날처럼 강성해질 수 있었다…… 현재 일본 도서 시장에는 서구의 유용한 책들이 번역되지 아니한 것이 없다. 이와 같이 일본은 명철한 견해들을 대거 수용해 강대국으로 발돋움하고 있다. 이처럼 효과가 현저할진대 어찌 시도해보지 않을 수 있겠는가?(「번역을 논하다」)

「번역을 논하다論譯」에서는 어떤 책을 번역할 것인지와 어떻게 번역 인재를 양성해야 하는지 등에 대한 예리한 담론들이 제시되는데, 이는 양계초 번역철학의 근간이라 할 만하다. 그는 "오늘날 번역을 논하려면 다음 세 가지를 확립해야 한다. 그중 첫째는 번역해야 할 원본을 선택하는 것이요, 둘째는 번역의 범례를 정하는 것이며, 셋째는 번역에 능한 인재를 양성하는 것이다"라고 강조했다.

첫째, 번역 대상의 선택 문제에 있어서 그는 "관 차원에서 주도한 번역서 절반 이상이 병서兵書"였던 양무운동 시대 당시의 번역 경향을 비판했다. 이러한 선택이 부적절한 이유는 "서양 사람들이 강한 병기를 가지고 있기는 하나 그들이 강해진 까닭은 병기에 있지 않기" 때문이다. 양계초가 우선 번역 대상으로 꼽은 서적은 서양의 정관을 다룬 책들이다. 서구의 각종 정관과 법 제도들은 수백 년 동안 많은 사람들이 숱한 경험을 겪으며 비교적 완벽한 형태로 손질하고 다듬어놓은 것이기 때문이다. 다음으로는 학교에서 쓸 교과서를 꼽았다. 양계초에 따르면 학교는 "나라가 망하면 그 생명력을 유지하게 해주며, 나라가 피폐해지면 일으키고, 나라가 우매하면 지혜를 불어넣고, 나라가 약하면 강인하게 단련시키는" 곳이다. 세상 이치의 산실이 학교이니만큼 지식의 보급서인 교과서의 번역이 절실할 수밖에 없다. 정치와 법률 서적 역시 우선적 번역 대상이다. 양계초는 "나라와 나라가 대등하게 양립하기 위해서는 상호 교류가 필요하며 사람과 사람이 서로 어울리기 위해서는 약정이 있어야 하는데 바로 이 점 때문에 정치와 법률이 필요하다"라고 설명하면서 "무릇 정치와 법률이라 함은 나라를 세우는 근간이므로 국법, 민법, 상법, 형법 등과 관련된 서적은 적극 취해 널리 보급해야 한다"라고 강조했다. 그가 마지막으로 꼽은 번역 대상은 서양의 역사서이다. 역사서를 번역, 보급함으로써 제도 개혁에 관한 서구의 경험들을 거울삼아 활용할 수 있기 때문이다. 그 외에도 서양의 외교문서, 농서農書, 광학서, 공예 서적, 상업서, 철학서 등도 그가 소개하는 번역 대상 목록에 포함되었다.

둘째, 번역 범례 확립의 필요성과 관련해서는 "번역서의 난해함은 명칭의 표기가 통일되지 않은 데에서 기인한다. 동일한 사물임에도 책마다 그 명칭의 표기가 다르고 심지어 같은 책에서도 앞부분과 뒷부분에 나오는 표기가 다르니 독자들이 혼란스러울 수밖에 없다. 따라서 번역을 할 때 명사와 술어의 표기를 통일해야 한다"라고 지적했다. 이를 위해 양계초는 인명, 지명, 관제官制, 사물명, 연대, 도량형 등에 대한 나름의 통일 방안을 제시하고 과학적이면서 엄격한 규정을 두고자 했다. 일례로 인명, 지명을 음역할 경우 '북경어를 기준으로 한 통용 방안'을 제안했다.

셋째, 번역 인재를 양성하는 문제에 있어서 양계초는 번역가에 대한 뚜렷한 기준을 가지고 있었다. "무릇 번역가는 중국어와 서양어 모두에 능통해야 하며, 원서에서 다루는 전문 지식을 알고 있어야 한다. 세 가지 모두가 갖추어지면 상재上才요, 두 가지를 갖추면 그 다음이며, 한 가지뿐이면 인재라 부를 수 없다." 그는 이 세 가지 요건의 우선순위와 경중에 대해서도 다음과 같이 실증적으로 서술했다. "근래의 서양 번역서 중에는 산술算術 관련 서적이 전반적으로 우수한데 그중 『기하원본幾何原本』[4]이 가히 으뜸이라 할 만하다. 역대로 번역에 참여한 마테오 리치Matteo Ricci, 서광계徐光啓, 알렉산더 와일리Alexander Wylie, 이선란李善蘭은 모두 산술에 능했으며 문장력 또한 탁월했다. 고로 세 가지 요건 중 학문에 능통하는 것[通學]이 우선이요, 문필에 능한 것[通文]은 그 다음이다." 양계초는 양질의 과학 번역서를 펴내려면 무엇보다 원서의 전문 지식에 능통해야 하며, 도착어와 출발어에도 정통해야 한다고 주장했다. 다시 말해 좋은 번역서는 우수한 번역 인재의 손에서 나온다는 것이다. 그가 제시한 이른바 '통학통문通學通文'설은 번역가의 요건이자 번역서의 기준이기도 하다. 이는 엄복嚴復의 '신信, 달達, 아雅' 이론보다 앞선 1897년에 제기된 이론으로 중국 번역철학사에 한 획을 그었다고 할 만하다.

번역문체혁명飜譯文體革命

양계초는 번역문체혁명의 목적에 대해서 "번역의 목적은 불후의 명작을 고이 간직하기 위한 것이 아니라 문명 사상을 대중에게 전파하기 위한 것"이라고 한마디로 정리한다.

번역 문체에 있어서 양계초는 엄복과 견해가 다르다. 번역문은 광범

4 유클리드Euclid가 저술한 기하학서를 중국어로 번역한 한역서漢譯書. 최초 번역본은 1605년 북경에서 6권으로 출판되었으며 이는 이탈리아 선교사 마테오 리치의 구역口譯을 중국의 관리 서광계가 필기, 정리한 것이다. 나머지 9권도 후에 영국의 선교사인 알렉산더 와일리와 청 말 수학자인 이선란의 협력으로 전부 번역되었다.

위한 독자들이 읽기 쉬운 문체를 주로 채택해야 한다는 것이 양계초의 입장이다. 그는 엄복의 번역 문체에 대해서 탁월한 외국어 실력과 유려한 도착어 구사력에 찬사를 보내면서도 "선진先秦 시대 문체를 억지로 모방하려 한다"든가 "지나치게 심오하고 멋을 부리려 한다"라는 등의 지적을 하기도 했다.

> 엄복은 동서양에 두루 해박한 자로 중국 내에서 최고로 손꼽힌다. 이 책(『원부原富』를 지칭)은 수년간 심혈을 기울이며 여러 차례 원고 수정을 거쳐 나온 것이니 그 유려함이 더 말할 나위가 있겠는가. 다만 아쉬운 점은 글이 지나치게 심오하고 멋을 부리려 했으며 선진 시대 문체를 억지로 모방하고자 하여 고문을 많이 읽지 아니한 자는 들춰봐도 이해하기 어렵다는 것이다. 무릇 문학계에서 혁명이 일어난 지 오래이다. 유럽, 미국, 일본 각국의 전례를 보건대 문체의 개혁은 문명화의 정도와 정비례한다…… 하물며 이처럼 심오한 학문을 다룬 책들이 매끄럽고 논리적이며 예리한 문체로 되어 있지 않으면 학동學童들이 어찌 지식을 습득할 수 있겠는가? 번역의 목적은 불후의 명작을 고이 간직하기 위한 것이 아니라 문명 사상을 대중에게 전파하기 위한 것이다. (『신민총보新民叢報』 제1기)

중국 신문화운동이 발전 과정을 겪었듯 문체혁명도 과도기를 거쳐야 했다. 신문체新文體('통속어체通俗語體')가 구문체舊文體('고아어체古雅語體')로 대체되고 백화문이 문언문으로 대체되기까지 어느 정도 '투쟁'의 과정이 필요했던 것이다. 역사적 관점에서 엄복의 번역문은 백화문 출현 이전까지만 해도 단연 최고라 손꼽힐 만했다. 물론 다소 심오하고 난해한 문체로 인해 보급 범위가 제한되었다는 아쉬움은 있다. 그 후 문체혁명의 전개로 양계초가 제창한 '통속어체'가 대중화되면서 엄복이 추구한 '고아어체'는 점차 역사의 뒤안길로 사라져갔다. 이 점에 있어서 외국 서적을 평이한 문체로 번역해야 한다는 양계초의 문체혁명 사상은 매우 중대한 의미를 지닌다.

소설 번역에 관한 견해

양계초는 서양 문학의 번역을 제창한 최초의 인물이기도 하다. 중국 봉건 시대 문인들 사이에서 '소설'은 '잔재주'에 불과한 것이라며 줄곧 외면받아온 장르였다. 소설 자체가 주변 문학으로 치부되다 보니 번역 소설은 더욱 드물 수밖에 없었다. 이러한 현실에 문제의식을 가지고 대안을 모색하고자 했던 이가 바로 양계초이다. 그는 1898년 「번인정치소설서飜印政治小說序」(『청의보』 제1권)를 통해 서양 소설의 번역을 적극 권장하면서 번역 소설의 사회적 역할과 지위를 끌어올리고자 했다. 또한 1902년에는 「소설과 군중 통치의 관계를 논하다論小說與群治之關係」(『신소설新小說』 제1권 제1기)를 발표해 외국 번역 소설이 사회 진보와 사회 개조에 미치는 영향에 대해 상세하게 설명했다.

> 일국一國의 국민이 새로워지려면 그 나라의 소설을 혁신하지 않으면 안 된다. 고로 도덕을 새롭게 하려면 소설이 새로워져야 하고, 종교를 새롭게 하려면 소설이 새로워져야 한다. 또한 정치를 새롭게 하려면 반드시 소설이 새로워져야 하며, 풍속과 학예學藝를 새롭게 하기 위해서도 소설이 새로워져야 한다. 심지어 인심人心과 인격人格을 새롭게 하고자 해도 소설이 새로워져야 한다.

양계초의 소설번역론은 유신운동維新運動 시기 전후의 신학新學 열풍에 새로운 기를 불어넣으며 번역 소설에 대한 사회적 인식을 근본적으로 바꾸어놓았다. 이로 인해 청 말에 이르러서는 소설이 사회 개량의 도구로 부각되어 문학 번역의 전성기를 맞이하게 된다. 또한 이 시기에는 서양 문학에 몰입하는 번역가와 서양 문학을 번역한 명저들이 대거 나왔다. 사회적으로 가장 커다란 반향을 일으킨 작품으로는 임서林紓가 1899년과 1901년에 각각 번역해 발표한 『춘희巴黎茶花女遺事』와 『톰 아저씨의 오두막黑奴吁天录』을 들 수 있다. 그 후 주계생周桂笙, 서념자徐念慈, 증맹박曾孟朴, 오광건伍光建, 포천소包天笑, 진홍벽陳鴻壁 등 유명 문학 번역가들이 번역한 문학 작품들이 봇물 터지듯 출간되어 나왔다.

물론 이들 번역가는 성과나 명성 면에서 임서를 따라잡기에는 다소 역부족이다. 그러나 이들의 번역서들은 대부분 백화문이나 평이한 문언문을 사용했다는 특징이 있고, 직역에 가까운 번역을 추구했다는 점에서 큰 의의가 있다. 특히 주계생과 서념자는 서양 문학을 번역, 소개하는 데 있어서 선구자적인 역할을 했다.

문학 번역가인 주계생(1873~1936)은 상해 남회南匯 출신으로 상해중법학당上海中法學堂을 졸업했으며, 영어와 프랑스어에 정통했다. 동갑내기 동료인 양계초가 발행하는 『신소설新小說』에 글을 기고하다가 1906년 『월월소설月月小說』의 번역·편집을 맡으면서 소설 번역에 주력하게 된다. 대표 역작으로는 『독사권毒蛇圈』, 『바다 밑의 구슬海底沉珠』, 『홍지안紅痣案』, 『함원화含冤花』, 『투부모부안妒婦謀夫案』등 탐정 소설, 과학 소설, 아동 문학 작품 20여 편이 있다. 이처럼 서양 작품을 널리 소개하는 데 앞장섰던 주계생은 1906년 '역서교통공회譯書交通公會'를 창단하면서 "지금의 현실에서 타인의 장점을 취하지 않고 어찌 우리의 단점을 채울 수 있겠는가! 그러나 제 국가의 문자와 언어가 각기 다르니 그 장점을 취하고자 해도 책이 널리 번역되지 않으면 무용지물"이라고 했다. 역서교통공회는 중국 역사상 최초로 설립된 번역가 협회로서 청 말 소설 번역 사업의 활성화에 적극적으로 일조했다.

서념자(1875~1908)는 강소성 상숙常熟 출신으로 영어, 일본어에 능통하고 문학과 문학 번역에 탁월한 능력을 보였다. 1905년 동향 사람인 증맹박이 운영하는 잡지사인 '소설림小說林'에서 편집을 맡으면서 그의 문학 번역 인생이 시작되었다. 주요 역서로는 사이먼 뉴컴Simon Newcomb의 『검은 행성黑行星』, 『미인장美人裝』 및 오시카와 슌로押川春浪의 『신무대新舞臺』 등이 있다.

그 외 당시 서양 문학 명저들을 가장 활발히 번역한 인물로 임서 외에 증맹박과 오광건을 꼽을 수 있다. 그중 증맹박(1872~1935)은 유명 소설가이자 문학 번역가였으며, '동아병부東亞病夫'라는 필명으로 활동했다. 1890년 20세의 나이로 거인擧人[5]에 합격했으며 1894년 동문관同文館[6]에 들어가 프랑스어를 공부했다. 1905년에는 소설림 잡지사를 열고 『소설림』이라는 잡지를 발간했다. 증맹박의 대표작으로는 『얼해화孽海花』, 『노남자魯男子』 등이 있으며, 역서로는 빅토르 위고Victor-Marie Hugo의

5 옛날 중국에서 향시에 합격한 사람에게 수여되었던 자격.

6 외국어와 국제 정세에 대한 지식을 가르치기 위해 1862년 북경에 설립된 중국 최초의 관립 외국어 학교이다. 분교인 상해 소재의 광방언관廣方言館과 광동廣東에 있는 방언관方言館에 대비시켜 '경사동문관京師同文館'이라고도 불린다. 청 말 천진조약의 비준으로 북경에 외국 공사들이 주둔하게 되자 이들과의 의사소통을 위해 외국어를 번역하거나 통역할 수 있는 인재를 양성할 필요가 생기면서 창립된 외국어 전문 학교로, 영어를 가르치는 영문관英文館과 프랑스어를 가르치는 법문관法文館, 러시아어를 가르치는 아문관俄文館, 자연과학을 전공하는 산문관算文館, 독일어를 가르치는 덕문관德文館, 일본어를 가르치는 동문관東文館 등이 차례로 개설되었다.

『에르나欧那尼』와 『93년九十三年』, 그리고 몰리에르Molière의 『아내들의 학교夫人學堂』 등이 있다.

오광건(1866~1943) 역시 당시 왕성하게 활동한 문학 번역가로 광동성 신회新會 출신이다. 15세에 천진 북양수사학당北洋水師學堂에 들어가 엄복의 가르침을 받았다. 1886년 수사학당을 졸업한 뒤 영국 유학길에 올랐으며, 1905년에는 청나라 대신인 재택載澤을 따라 서유럽과 미국을 시찰하고 돌아왔다. 귀국 후 취미 삼아 하던 서양 소설 번역에 본격적으로 뛰어들면서 50여 년간 130권이 넘는 번역서를 선보였다. 호적은 오광건의 번역 작품에 대해 다음과 같이 찬사를 보낸 바 있다. "근래 서양 소설의 번역은 군삭君朔(오광건의 호)을 따라갈 자가 없다. 군삭이 사용하는 백화문은 고대 소설의 백화를 그대로 답습한 것이 아니라 특별히 창조해 낸 것이다. 그의 번역 문체는 원저의 정신을 가장 근접하게 전달할 수 있어 그 가치가 임서가 번역한 책들을 훨씬 능가한다. 세상 사람들이 그의 진가를 몰라주는 것이 안타까울 뿐이다." 오광건의 대표 역서로는 알렉상드르 뒤마Alexandre Dumas의 『삼총사俠隱記』, 찰스 디킨스Charles Dickens의 『고된 시기勞苦世界』와 『두 도시 이야기二京記』, 샬롯 브론테Charlotte Bronte의 『제인 에어孤女飄零』, 미겔 데 세르반테스Miguel de Cervantes Saavedra의 『돈키호테瘋俠』, 표도르 도스토옙스키Fyodor Dostoevskii의 『죄와 벌罪惡與刑罰』 등이 있다.

이처럼 청 말에 이르러 소설 번역은 정식 출간된 단행본만 최소 2천여 종 이상에 달할 만큼 양적으로 급팽창했다. 1907년의 경우, 연간 발행된 소설 중에 번역 소설의 비중이 무려 80% 이상을 차지했다. 광서光緒 원년에서 신해혁명에 이르는 40여 년 동안 선보인 번역 소설은 약 600여 부에 달했으며 이는 당시 소설 전체 출판 규모의 2/3에 상당하는 수치이다. 양계초의 소설 번역 이론이 얼마나 큰 영향력을 발휘했는지 짐작케 하는 대목이다. 그러나 여기서 한 가지 짚고 넘어가야 할 점이 있다. 당시 양계초의 이론이 외국 소설의 역할을 지나치게 과대 포장하는 경향이 있었던 데다가 '소설이 모든 것을 결정한다'라는 식의 편파적인 사고가 내재되어 있었다는 점이다. 이로 인해 정작 중국 국내 소설의 지위가 상대적으로 폄하되면서 중국 문단이 위축되었음은 부인할 수 없는 사실이다.

번역 문학과 불경의 관계

양계초는 외래 문화에 대해 포용적인 자세를 보이며 이를 적극적으로 흡수해야 한다는 입장을 견지했다. 역사적으로 불교의 유입은 외래 문화의 거대한 조류가 중국으로 밀려들어 왔던 첫 번째 사건이었다. 그는 불교의 수용에 대해 다음과 같이 언급한 바 있다. "무릇 민족 문화는 널리 포용할수록 부강해진다. 중국이 외래 문화에 대해 가장 넓은 포용력을 보였던 때는 다름 아닌 불교 유입 시기이다"(『번역 문학과 불전飜譯文學與佛典』).

양계초는 불경, 특히 불경 번역사에 대해 체계적으로 연구·정리해 『불교의 최초 유입佛教之初輸入』, 『중국불교사中國佛教史』, 『번역 문학과 불전飜譯文學與佛典』 등의 저서를 집필했다. 그는 후한 명제, 영평 연간에 불교가 전래되었다는 기존 정설을 뒤집고 중국에서의 불경 번역이 한나라 환제桓皇, 영제靈帝 연간에 시작되었다고 주장했으며 불경 번역 시기를 크게 세 단계로 구분해 제시했다(서론 참고).

중국 번역 문학의 기원을 논하려면 불경 번역 시대까지 거슬러 올라가야 한다. 양계초는 "중국의 근대 순수 문학, 즉 소설이나 가곡歌曲은 모두 불전의 번역과 밀접한 관계가 있다"라고 주장했다. 근대 문학과 대승경전大乘經典이 실제로 깊은 연관성이 있다는 것이 그의 견해이다. 이러한 관계는 불전 번역 문학의 선구자인 구마라집이 대승경을 번역한 이후부터 시작된다.

> 중국의 불교는 구마라집 이후 대승파에 의해 장악되었다. 이 같은 사실은 누구나 다 알 것이다. 본래 뒤늦게 출발한 대승불교가 그처럼 성행할 수 있었던 것은 시대의 추세에 순응하는 교의를 추구하고 문학의 힘을 상당 부분 빌렸기 때문이었다. 대승불교의 시조는 마명馬鳴이다. 『마명보살전馬鳴菩薩傳』을 보면 문학가이자 음악가였던 그가 불법을 널리 전파하는 데 문학과 음악을 적극 활용했음을 알 수 있다. 일례로 그의 저작인 『불본행찬佛本行讚』은 3만여 자에 달하는 한 편의 대서사시였다. 오늘날 번역본은 비록 운韻을 사용하지 않았지만 읽다보면 마치 『공작동남비孔雀東南飛』 등 고대 악부와 흡사함을 느낄 수 있다. 『대승장엄론大乘莊嚴論』은 『유림외사儒林外史』와 같은 소설 형식으로 독자들로 하여금 감동을 느끼게 하기에 충분하다. 이처럼 문학성이 뛰어난 경전들은 역사적으로 여러 번역 대가들의 손을 거치며 그 시대의 가장 유려한 언어로 재현되어 많은 이들에게 감상의 즐거움을 선사했다. (『번역 문학과 불전』)

이처럼 '웅장하고 호방한 문체에 세세한 교리를 담아낸' 대승경전은 불교 문학의 정수라 할 만하며 중국 문학에도 심대한 영향을 끼쳤다. 일례로 『홍루몽紅樓夢』, 『수호전水滸傳』은 서사 구조와 운필運筆에 있어서 『화엄華嚴』, 『열반涅槃』의 영향을 고스란히 받았다.

대승경전이 시공을 초월해 대대로 많은 독자들을 사로잡을 수 있었던 이유는 다름 아닌 불경 번역 문체의 변화 때문이다. 양계초는 이러한 현상에 대해 구마라집을 중심으로 한 불경 번역가들이 불경 번역에서 통속 문체(불교 용어로 'subanta'), 즉 당시로서는 매우 획기적인 백화 신문체를 사용했기 때문이라고 분석했다. 당시 불전의 번역 문체는 여느 책에서 쓰이는 문체와는 확연히 달랐다. 예를 들면 일반 문언문에서 자주 사용되는 '지之, 호乎, 자者, 야也, 의矣, 언焉, 재哉' 등의 글자를 일절 쓰지 않았고 형식에 연연하는 변려문騈儷文이나 고문가들의 법도, 격식을 배제했다. 결국 '수사적 기교로 인해 본연의 의미가 왜곡되면 오히려 불법을 펼치는 데 방해가 될 수 있으므로 번역 시 평이한 문체를 선호했던' 것이다. 이러한 맥락에서 양계초는 번역가들이 문체나 어구를 선택하는 데 있어 보다 현실적이고 일상적인 표현을 골라야 한다고 강조했다.

'신信, 달達, 아雅'의 창시자 엄복

엄복嚴復(Yan Fu, 1853~1921)은 100여 년 전 서양의 우수한 문물과 사상으로부터 진리를 추구하고자 했던 중국의 진보 인사 가운데 가장 대표적인 인물이다. 애국 인사로 과학적이고 민주적인 성향이 뚜렷했던 그는, 중국 근대 진보 문화의 대표 주자로서 계몽 사상가로 활동했으며 구국운동의 참뜻을 널리 알리고 이른바 '삼민三民'(백성의 덕을 일신하고[新民德], 백성의 교육 수준을 높이며[開民智], 백성의 힘을 고무시키다[鼓民力])을 강조했던 현대 신학新學의 대표적인 교육가이기도 하다. 또한 중국 문화와 서양 문화의 융합을 선도하고 자연과학과 사회과학의 접목을 주창했던 선구자적인 인물이다.

동양과 서양의 번역사상을 두루 섭렵했던 엄복은 중국 근대 번역사에 한 획을 그은 대표적인 번역가로서, 중국 번역사를 통틀어 최초로 하나의 완전한 틀을 갖춘 번역 기준 수립의 필요성을 제기했다. 번역 작업과 서양 사상 및 문화의 전수에 평생을 바친, 중국에 '근대 사상을 전파한 최초의 중국인'이었던 만큼 그의 사상은 후세에 깊은 영향을 미쳤을 뿐 아니라 세계사적으로도 큰 의미를 갖는다.

1. 계몽 사상가 겸 번역가 엄복

엄복의 본명은 전초傳初로, 후에 종광宗光으로 바꿨다가 나중에 복復으로 개명했다. 기도幾道, 우릉又陵 등의 자를 사용했으며 훗날 우야노인愈野老人이라는 호를 썼다. 1854년(함풍 3년) 복건성福建省 후관현侯官縣의 양기향陽崎鄕 유의儒醫(유학자로서 의술에 정통한 사람 — 옮긴이 주) 집안에서 태어났다. 어려서부터 총명하고 영특하여 열한 살에 후관의 명망 높은 유학자 황종이黃宗彝를 스승으로 모셨고, 열세 살이 되던 해에 청 왕조 선정대신船政大臣 심보정沈葆楨이 창설하고 초대 총장을 맡았던 복주福州 마미馬尾 조선소 내 선정학당船政學堂 후학당後學堂[1]에 수석으로 합격했다. 이듬해에 정식으로 입학하여[2] 항해 기술을 배웠고, 졸업 후에는 군함에서 실습을 하면서 싱가포르, 일본의 나가사키와 요코하마 등 여러 곳을 방문했다.

1877년 청의 초대 국비 유학생으로 중국인으로서는 처음으로 영국 유학길에 올라 포츠머스대학Portsmouth University과 그리니치해군대학Greenwich Old Royal Naval College에서 해군 관련 공부(해군전술학, 해군포대건축학, 해전공법학 등)를 했다. 유학 시절 엄복은 수업 외 여가 시간을 거의 독서를 하면서 보냈다. 서양의 철학·사회과학 서적들을 탐독하면서 서유럽의 국가 현황, 중국과 서양의 정치, 교육 및 풍속의 차이점에 대해

1 이 곳은 모든 수업을 영어로 진행했으며 '영국학당英國學堂'이라고 불렸다. 이외에 프랑스어로 수업하는 '프랑스학당法國學堂'이 있었는데 주로 조선 기술과 관련된 수업을 개설했다.

2 엄복의 회고에 따르면 당시 복주 마미의 마강조선소馬尾船廠가 설립된 지 얼마되지 않아 복주시 남쪽에 있는 정광사定光寺를 기숙사로 사용했는데 학생은 100명 정도로 외국어와 수학을 배웠고 학생들의 외국어 읽는 소리와 승려의 염불 소리가 함께 들렸다고 한다. 『해군대사기海軍大事記』 서언.

연구함과 동시에 세계정세에 대해서도 많은 관심을 보였다. 1879년(광서 5년), 엄복은 우수한 성적으로 그리니치해군대학을 졸업하고 귀국한다.

귀국한 뒤 선정학당에서 교편을 잡은 엄복은 1년 뒤에 천진 북양수사학당 총교습總教習(현 교무처장)으로 임명되었으며, 1890년, 37세가 되던 해에는 총판總辦(현 총장)으로 승진했다. 1900년에 수사학당을 떠날 때까지 엄복은 그곳에서 20여 년의 시간을 보낸다. 수사학당에서의 20년은 엄복의 인생에서 가장 아름다운 시절이었다. 수사학당에 있는 동안 그는 발언권이 약했던 당시의 낮은 신분에서 하루빨리 벗어나고자 하는 염원과, 고관이 되어 나라를 구하겠다는 포부로 과거시험에 네 차례나 응시했지만 매번 낙방의 고배를 마셨다. 당시 엄복은 사촌 동생인 관란觀瀾에게 보내는 편지에서 다음과 같이 속내를 드러낸다. "오늘날 관리가 되려면 정부 내에 탄탄한 인맥이 있어야 할 뿐만 아니라 외부적으로도 폭넓은 사회적 관계를 맺고 있어야 한다. 또 교제를 위해서 돈도 써야 한다. 허나 이 세 가지 중 단 한 가지도 가지고 있지 않으니 관리가 못 되는 것이 어쩌면 당연한 일이 아니겠는가?"[3]

1894년 청일전쟁이 발발하게 된다. 양보하고 화해를 구걸함으로써 전쟁을 면하고자 했던 청 왕조의 꿈이 수포로 돌아간 것이다. 전쟁의 결과는 참혹했다. 동양 최대 함대를 자랑했던 북양해군은 전멸되었고 청 정부는 급기야 1895년 4월 17일 굴욕적인 시모노세키조약을 체결한다. 이에 중국 국민은 크게 반발했다. 당시 과거시험을 보기 위해 북경에 집결한 거인巨人 1300여 명 중 한 사람이었던 강유위는 "아! 만 리에 달하는 우리의 땅, 4억에 달하는 우리 동포가 있는데 어찌 이런 조약을 체결

---

3 『엄복집嚴復集』 제3권, p.731.

할 수 있단 말인가!"라고 비판의 목소리를 높였다. 4월 22일 강유위를 비롯한 거인 1300여 명은 비굴하게 복종하고 침략에도 제대로 대처하지 못하는 무기력한 청 정부에 반발하여 개혁을 요구하는 상서를 올린다. 이것이 바로 그 유명한 공거상서公車上書이다.[4] 이로써 중국 근대사에 있어서 유신구국운동의 서막이 오른 것이다.

유신변법 사상이 전파되기 시작한 곳은 천진이었다. 사랑하는 조국이 위기에 빠진 것이 마음이 아팠던 엄복은 3개월이라는 짧은 기간 동안에 「세계 변화의 빠름을 논함論世變之亟」, 「강함이란 무엇인가原强」, 「망국을 구하기 위한 결론救亡決論」, 「한유비판辟韓」 등의 정치 논설을 천진 「직보直報」에 연달아 발표했다. 이로써 봉건 전제 통치와 전통 공자학[孔學]을 맹렬히 비판하고 자산 계급의 민권과 신학을 제창하면서 백성의 덕을 일신하고, 백성의 교육 수준을 높이며, 백성의 힘을 고무시키자는 유명한 계몽주의 구국강령을 내놓는다. 엄복의 논설은 사회적으로 큰 반향을 일으켰으며, 중국인들에게 나라를 구하고 생존을 도모해야 함을 일깨웠다.

> 아! 지금의 중국이 쇠약하기 짝이 없다는 것은 지자智者가 아니라도 누구나 아는 명백한 사실이다. 이 씻을 수 없는 치욕을 감출 필요가 있을까. 일본은 함대 몇 대와 병력 몇만으로 1차 전투에서 우리의 가장 가까

4 담사동譚嗣同은 청의 매국적인 투항 정책에 분개하며 시모노세키조약을 "4억 국민의 가정과 목숨을 앗아가는 일이다"라고 비판했다. 그리고 "이 세상에 봄을 보내는 것만큼 슬픈 일(나라를 빼앗긴 슬픔을 의미)은 없을 것이다, 푸른 하늘을 향해 통곡하는 것만이 슬픈 마음을 달랠 수 있다. 4억 동포가 함께 눈물을 흘리는구나, 이 넓은 세상에 우리나라는 어디에 있단 말인가世間無物抵春愁, 合向蒼冥一哭休. 四萬萬人齊下淚, 天涯何處是神州?"라는 시로 나라를 사랑하는 온 국민의 마음을 표현했다.

운 속국을 점령했으며, 2차 전투에서는 경성을 계엄으로 몰고 가는 큰 위협을 주었고, 3차 전투에서는 우리의 가장 든든한 항구를 뚫었으며, 4차 전투에서 우리 해군을 전멸시켰다. 이제 협상이 성사되지 못했으니 경성 주변에도 머지않아 전쟁 경보가 내려지게 될 것이다. (「강함이란 무엇인가」)

어제 한 친구가 개탄했다. "중국 국풍國風의 피폐함을 한마디로 정리하면 거짓에서 시작해서 뻔뻔함으로 끝을 본다는 것이다." 아! 어찌 부인할 수 있겠는가! 어찌 부인할 수 있겠는가! 작은 소리로 말하면 소리가 너무 작아 잠들어 있는 사람들을 깨울 수 없을까 걱정이고, 큰 소리로 호소하면 또 온 세상이 깜짝 놀랄까 봐 걱정이다. 시국이 이러하니 미쳤다는 소리를 들을지라도 가만히 잠자코 있지 않을 것이다. 거짓과 뻔뻔함으로 일관했던 전철을 밟지 않을 것이다. 오늘 여러 사람을 위해 진실을 밝히도록 하겠다. 4천 년의 문물, 9만 리 땅이 지금 이 지경에까지 이르게 된 것은 교육과 학문이 잘못되었기 때문이다. (「망국을 구하기 위한 결론」)

엄복은 정치 논설을 발표함과 동시에 다른 이와 더불어 『국문보國聞報』, 그리고 『국문회편國聞匯編』 순간旬刊(10일에 한 번씩 발행하는 출판물—옮긴이 주)을 창간했다. 『국문보』는 양계초가 상해에서 창간한 『시무보』와 함께 중국의 현실을 비판하고 유신변법을 주창하며 서구의 사회정치제도에 관한 주요 학술서를 소개했다.

그러나 1899년 유신변법운동은 실패하고 만다. 그 이듬해인 1900년, 채시구菜市口에서 처형당한 담사동譚嗣同 등 6군자가 흘린 피가 채 마르기도 전에 천진에서 의화단운동이 일어났고 엄복은 20년간 몸담았던 북양수사학당을 떠나 남하해 상해로 피신한다. 그 뒤 엄복은 중국의 현실

개혁을 자신의 소임으로 삼으며 번역을 통해 국민을 일깨우고 서양의 진보 사상을 소개하는 데 몰두했다. 이로써 시작된 번역은 엄복의 인생에 있어서 가장 의미 있는 일이었을 뿐만 아니라 후세에도 매우 큰 영향을 끼친다. 상해에 있는 동안 엄복은 번역에 매진했다. 흔히 '8대 명저'로 불리는 그의 대표 역서 여덟 권 중, 1895년에 번역되어 1898년에 출간된 『천연론天演論』을 제외한 나머지 일곱 권은 전부 이 시기에 번역된 것이다. 그의 번역 작품과 번역철학은 중국 번역사상사에 있어서 기념비적인 의미를 갖는다.

엄복은 훌륭한 교육가이기도 했다. 그는 학당 설립과 강의 등 교육 활동에 종사하며 평생 '점진주의 교육구국사상漸進主義教育救國思想'을 몸소 실천했다. 그의 교육 사상은 크게 세 시기로 나누어 설명할 수 있다.

첫 번째 시기(1880~1900): 이 시기는 엄복이 천진 수사학당에서 교편을 잡았던 때이다. 그곳에서 엄복은 총교습으로부터 시작해 회판會辦(현 부총장)직을 거쳐 총판(현 총장)까지 승진한다. 1896년 이홍장李鴻章의 지시에 따라 천진에 중국 첫 번째 러시아어 학교인 '러시아어관[俄文館]'을 세우고 초대 총장직을 맡아 중국 최초의 러시아어 인재들을 양성했다. 같은 해 장원제張元濟와 함께 북경에 통예학당通藝學堂을 설립했다. 역사적으로도 유명한 통예학당은 유신파 인사들이 공동으로 설립한 사립 학교로 서학을 제창했으며 유신변법 주창을 위해 많은 인재를 양성했다.

두 번째 시기(1900~1911): 이 기간에 엄복은 상해와 복건福建을 오가면서 신식 학당을 세우기 위해 바쁜 나날을 보냈다. 1906년에는 상해 복단공학復旦工學[5](현 복단대학의 전신) 2대 총장직을 맡아 학교의 교육 업무를 담당했다. 복단공학은 서양의 과학 지식과 민주 사상을 갖춘 인재를 양성하기 위한 고등 교육 기관으로 당시 서양 교육을 실시하던 주요 교육 기관의 하나였다. 같은 해, 엄복은 안휘성安徽省 순무巡撫였던 은명恩銘에 의해 안경고등학당安慶高等學堂 감독監督으로 초빙된다. 감독 수행 초기에 그는 학칙을 만들고 훌륭한 교수진 초빙에 공을 들였다. 그 결과 학교는 매우 효율적으로 운영되었고 수업의 질도 크게 향상되어 많은 인재를 양성할 수 있었다. 이렇듯 엄복은 대대적인 개혁을 단행하고 학교를 잘 관리해 교육의 힘으로 나라를 구하고자 했다. 이 시기는 엄복의 번역 활동이 가장 왕성했던 때이기도 하다.[6]

세 번째 시기(1912~1914): 신해혁명 이후 민국民國 원년, 당시 59세였던 엄복은 경사대학당(현 북경대학의 전신)에서 총장 겸 문과학장을 맡는다. 이 시기에 엄복의 교육 사상은 큰 변화를 보인다. 복고를 주장하고 존공尊孔과 독경讀經, 즉 공자를 존경하고 경전을 배울 것을 제창하면서 문과 교육 과정에 독경 수업을 개설했으며 「경전 공부를 적극 제창해야 함讀經應當積極提倡」, 「사고담思古談」 등 여덟 편의 글을 발표한다. 이듬해에는 '공교회孔教會'를 발족시키고, 전통으로 회귀하자는 주장에 맞춰 공자

5 원래 이름은 '진단학원震旦學院'이다. 1902년에 애국 인사 마상백馬相伯이 설립했고 초대 총장을 맡았다. 1905년에 복단공학復旦工學(진단을 회복하고 중화를 부흥시키자라는 뜻의 恢復震旦, 復興中華에서 유래)으로 이름을 바꿨다. 1906년 마상백이 일본으로 가게 되자 엄복을 후임 총장으로 추천한다. 『문사자료선집文史資料選輯』 제7집, 중국문사출판사, 1987, p. 32~45 참조.

6 청나라 말기에는 신식 학당이 대거 설립되었다. 당시 전국적으로 크고 작은 학당이 23,862개가 있었는데 안휘安徽에 198개의 학당이 있었다. 그중 북경 통예학당通藝學堂, 경사대학당京師大學堂, 광주 시민학당時敏學堂, 상해 무본여학당務本女學堂과 경정여학당經正女學堂, 호남湖南 유양산학관瀏陽算學館, 장사長沙 시무학당時務學堂 등이 유명하다. 유신운동이 실패하자 경사대학당만 남아 계속 운영되었으나 청나라 말기의 신식 학당 설립 붐은 중국 전통 봉건 교육에 큰 타격을 입혔고 중국 교육사에도 큰 의미를 남겼다. 왕적王笛, 『청말 신정과 근대 학당 붐清末新政與近代學堂的興起』.

사상을 적극 추앙했던 독일의 교육학자 알프레드 베스트하르프Alfred Westharp의 『중국 교육 논의中國教育論議』(*Chinese Education: How East and West Meet*)를 번역했다. 이로써 엄복의 점진주의 교육구국사상은 허망한 종말을 고한다. 이는 엄복 교육 사상의 크나큰 비극이다.

2. 엄복의 번역 이론과 사상

엄복 번역철학의 핵심

엄복의 인생에서 가장 중요한 시기는 무술변법戊戌變法이 시행되던 즈음이다. 인생의 황금기라고 해도 과언이 아니었던 이 시기에 엄복은 서양으로부터 배울 것을 주장하면서 많은 글을 썼고, 이를 통해 자신의 애국주의 정신을 토로하고 자신의 주장을 강력히 피력했으며 유명한 '중서문명비교관中西文明比較觀'을 내놓는다. 엄복은 서양 과학에 대한 체계적인 학습을 통해 서양학 사상의 정수를 터득할 수 있었던 데다가 중국학 기초가 탄탄했기 때문에 중서 문명 이면의 인문적 요소를 찾아낼 수 있었다. 그는 중국과 서양 문화의 차이에 대해서 다음과 같이 분석한 바 있다. "중국에서는 3강三綱을 가장 중요하게 생각하지만 서양인들은 평등을 우선시한다. 중국에서는 친족을 제일 중히 여기지만 서양인들은 현인賢人을 숭상한다. 중국에서는 효孝로써 천하를 다스리지만 서양인들은 공公으로써 천하를 다스린다. 중국에서는 군주를 존중하지만 서양인들은 국민을 떠받든다. 중국에는 금기가 많지만 서양인들은 비판을 하는 것에 익숙하다. 중국에서는 순박함을 좇지만 서양인들은 즐거움을 추구한다. 중국에서는 겸손과 양보를 미덕으로 삼지만 서양인들은 자신을 표현하기 위해 노력한다. 중국에서는 예의범절을 많이 따지지만 서양인들은 간단하고 편한 것을 좋아한다. 학문에 있어서도 중국에서는 박학다식함을 칭찬하지만 서양인들은 새로운 지식을 높이 산다. 재난에 봉착했을 때 중국에서는 하늘의 뜻에 맡기지만 서양인들은 인간의 힘을 믿는다.", "중국과 서양의 가장 큰 차이점은 바로 중국인은 예전이 지금보다 낫다고 생각하지만 서양인은 오늘이 어제보다 더 발전했다고 믿는 것이다. 중국인은 한 번의 태평성세 뒤에는 반드시 한 번의 난세가 오기 마련이며 흥망성쇠의 반복은 세상의 이치라고 생각하지만, 서양인은 세계는 끊임없이 발전하고 있으니 지금의 성세는 다시 난세로 되돌아가지 않는다고 믿는다. 이와 같은 사상은 학술, 정치, 교육 등 여러 분야에 적용된다"(「세계 변화의 빠름을 논함」).

중국과 서양의 이와 같이 판이한 문화와 인식은 엄복이 토머스 헉슬리Thomas Henry Huxley, 아담 스미스Adam Smith, 샤를 몽테스키외Charles Montesquieu, 존 스튜어트 밀John Stuart Mill 등 외국 학자의 저서를 번역하는 동기가 되었다. 따라서 엄복이 서양의 과학서를 번역하고 소개하게 된 목적은 위원魏源의 "외국의 장점을 배워서 외국의 침략을 막아야 한다"라는 실용주의적 사상이나, 장지동張之洞을 비롯한 양무파의 '중체서용中體西用' 등의 논리와는 차원이 다르다. 그가 서양 문화를 깊이 파고들어 서양의 선진 과학 사상을 중국에 소개하고자 했던 것은, 서양 사상을 중국인의 세계관을 바꾸는 이론적인 기초로 삼아 사상 계몽을 위한 무기로 사용함으로써 중국인들의 인식을 철저히 바꾸기 위함이었다. 이것이 바로 엄복 번역철학의 핵심이다.

·

엄복의 주요 역작 및 역사적 의의

인학人學: 서양 강성의 배경

엥겔스는 "마르크스는 과학이 역사 발전을 추동하는 혁명의 힘이라고 여겼다"(「마르크스 무덤 앞에서의 연설」)라고 말한 바 있다. 서양 문화를 접하고 이를 관찰하며 중국 문화와 비교하는 과정에서 서양 과학을 숭상하게 된 엄복은 그중에서도 사회과학을 제일로 추앙했다. 그는 천학天學, 지학地學, 인학人學 등 3대 학문이 중요하다고 말하면서 "천, 지, 인, 3학이 아니면 만사 이치의 유구함과 방대함, 그리고 변화를 설명할 수 없다. 하지만 3학 중에서도 인학이 가장 시급하다"라고 하면서 인학 도입의 시급함을 역설했다. 여기서 천학, 지학은 자연과학을 말하며 인학은 정치학, 경제학, 철학, 사회학 등을 포함한 사회과학을 말한다. 엄복이 인학의 도입이 가장 시급하다고 말한 이유는 실제로 제2차 아편전쟁 시기부터 청일전쟁 때까지 몇십 년간 중국에 유입된 서학은 천학과 지학 위주였기 때문이다. 엄복은 "서양 사람이 국가를 세우고 이를 번성하고 강대하게 만들 수 있었던 데에는 모두 그만한 원인이 있다"라고 믿었으며 번성과 강대함의 배경이 바로 서양의 '사회과학'이라고 생각했다. 엄복 이전에는 그 누구도 이 점을 인식하지 못했다. 따라서 청일전쟁이 발발한 후부터 20세기 초까지 엄복은 서양의 유명 사회과학 저서를 번역하는 데 몰두하여 서양의 사회과학 명저를 완전한 하나의 이론 체계로 만들어 중국에 도입했다. 이로써 엄복은 "중국인이 전혀 접해보지 못한 새로운 자산 계급의 세계관을 소개했으며 서양의 선진 문물로부터 진리를 추구하고자 했다. 이를 통해 근대 중국의 서구 문물 도입 움직임이 더욱 활발하게 전개되었으며 그 당시와 5·4신문화운동 시기의 사상을 계몽하는 데 중요한 역할을 했다"(서화옹徐和雍 외, 『중국근대명인소전中國近代名人小傳』).

8대 명저

엄복은 43세가 되던 해인 1895년 『천연론』 번역에 착수해서 61세가 되던 1914년 『중국 교육 논의』 번역을 완성하기까지 20여 년 동안 총 11권의 역서를 내놓는다. 그중 중요한 작품으로 '8대 명저八大名著'를 들 수 있는데 모두 철학, 정치학, 경제학, 사회학, 법학, 윤리학 등 사회과학에 관한 책들이다. 각각을 살펴보면 다음과 같다.

1. 『천연론天演論』(*Evolution and Ethics*)

영국의 생물학자 헉슬리의 『진화와 윤리』를 번역하고 그에 대한 엄복 자신의 평설을 추가해 출간한 것이다. 이 책은 '물경천택物競天擇, 적자생존適者生存, 우승열태優勝劣汰'와 같은 자연 속 생물 진화의 법칙을 소개하고 있다. 당시 유신파의 구국도존救國圖存 사상의 주요 이론 기초가 되면서 근대에 많은 영향을 주었다. 이 책은 근대 중국에 들어온 첫 번째 철학 이론서로, "하늘은 변하지 않으며 세상의 이치 또한 변하지 않는다"라고 믿었던 중국의 전통 철학 이념을 바꾸어놓았다. 강유위는 『천연론』을 "중국에 소개된 서학의 최고작"이라고 높게 평가했다.

[영국] 토머스 헉슬리Thomas Henry Huxley 지음. 1895년 번역. 1898년 호북湖北 면양노씨沔陽盧氏 신시기재愼始基齋에서 목각본木刻版이 간행됨(이전에 『천연론현소天演論懸疏』라는 제목으로 『국문회편』 제 2, 4~6책에 수록되기도 함). 약 6만 자. 역자 해설案語 30문장, 약 1만 7천 자.

2. 『원부原富』(*An Inquiry into the Nature and Causes of the Wealth of Nations*)

엄복은 경제학을 계학計學이라 번역하고 "『원부原富』는 계학을 다룬 책이다"라고 했다. 계학이라고 한 이유에 대해서는 경제학의 영어 어근이 집을 관리한다는 의미를 갖고 있기 때문이라고 해석했다. 또 "의미를 확장하면, 나라와 천하를 운영하는 방법이라 할 수 있다. 따라서 일본에서는 경제라 번역하고 중국에서는 이재理財라 번역한다." "책 제목을 '원부'라고 한 것은 이 책이 재물의 성질, 빈부의 원인과 결과, 국가 재정의 운영에 대해서 연구한 책이기 때문이다"(노운곤盧雲昆 엮음, 『엄복문선嚴復文選』). 이 책은 '임민자유任民自由(국민의 자유를 보장하다)'와 이를 통한 국가적 부의 창출을 다루었기 때문에 근대 중국의 경제 및 사회 발전에 지대한 영향을 미쳤다. 원서가 1776년에 출판된 것에 비해 엄복의 번역본이 나온 것은 125년이라는 긴 세월이 흐른 뒤이다. 엄복의 번역본이 나오기 20년 전에 곽숭도郭嵩燾와 유석홍劉錫鴻에 의해 단편적으로 언급된 적은 있었으나 완역되어 중국에 소개된 적은 없었다. 엄복이 번역한 『원부』는 근대 중국에 도입된 첫 번째 경제학 저서이다. 엄복은 이 책의 「번역 범례」와 해설에서 이득을 논함을 수치스럽게 생각하던 당시 사람들의 고정관념을 과감히 타파했으며 "외부로의 세력 확장을 꾀하는 유럽인들은 이득을 얻기 위해서라면 타국민을 해치기도 한다"라며 유럽 열강의 만행을 폭로하고 부국부민의 길을 강구하려 했다.

[영국] 아담 스미스Adam Smith 지음. 1897~1900년 번역. 1901~1902년 상하이 남양공학원(현 교통대학 전신) 역서원南洋公學院譯書院에서 출판(전 8권). 약 55만 자. 역자 해설 300여 문장, 약 6만 자.

3. 『군학이언群學肄言』(*Study of Sociology*)

서양 사회학의 명저이다. 서명을 '군학이언'이라고 번역한 것에 대해 엄복은 아래와 같이 설명하고 있다. "군학群學이란 무엇인가? 바로 과학적인 방법으로 민중과 사회의 변화를 관찰하고 과거를 돌아보며 미래를 예측하는 것이다. 그렇다면 이언肄言이란 무엇인가? 바로 학문의 취지를 밝히고 학문이 제 역할을 발휘할 수 있는 분야를 규명해내며 관리 방법을 제시하는 것이다. 모든 학문은 궁극적으로 사회학을 기본으로 한다." "오직 사회학을 제대로 배워 운영해야만 사회와 나라를 제대로 다스릴 수 있다"(노운곤 엮음, 『엄복문선』).

[영국] 허버트 스펜서Herbert Spencer 지음. 1897~1902년 번역. 1897년 12월~1898년 1월 『권학편勸學篇』이라는 제목으로 『국문회편』 1, 3, 4권에 수록되어 발표. 1902년 『군학群學』이라는 제목으로 항주 사학재史學齋에서 활판인쇄본으로 출판. 1903년 4월 『군학이언』이라는 제목으로 상해 문명역서국文明譯書局에서 출판.

4. 『사회통전社會通詮』(*History of Politics*)

서양 사회학의 명저이다. 이 책은 인류 사회를 연구 대상으로 삼아 인류 사회가 만이蠻夷 사회에서 종법宗法 사회, 국가國家 사회로 발전하는 과정을 다루었다. 여기서 만이 사회, 종법 사회, 국가 사회는 우리가 흔히 말하는 원시 사회, 봉건 사회, 자본주의 사회와 비슷한 개념이다.

[영국] 에드워드 젠크스Edward Jenks 지음. 1903년 번역. 1904년 상해 상무인서관商務印書館에서 출판. 약 11만 자. 역자 해설 16문장, 역자 주석 121개.

5. 『밀 논리학穆勒名學』(*A System of Logic*)

원서는 서양에서 널리 알려진 논리학 명저인, 영국 논리학자 밀의 『논리학 체계』이다. 이 책이 중국인의 지혜를 일깨워줄 양서라 여겼던 엄복은 "중국어로 번역해야 한다. 그렇지 않으면 죽어도 편치 않을 것이다"라고 말했다. "이 책이 출간되면 중국의 오랜 전통 이념이 뒤흔들릴 만큼 강력한 파급력을 몰고 올 것이며 대중들의 의지에 불을 당길 것이다" (왕식王栻 엮음, 『엄복집嚴復集』).

[영국] 존 스튜어트 밀John Stuart Mill 지음. 1900년~1902년 번역(앞부분, 즉 연역법 부분만 번역. 해설 42문장). 1905년 금릉괴씨金陵蒯氏 금속재金粟齋 목각본으로 출판. 1912년 상해 상무인서관에서 활판인쇄본으로 출판. 1959년 삼련서점에서 문장기호 추가본 출판. 약 29만 자.

6. 『명학천설名學淺說』(*Primer of Logic*)

원작은 영국 논리학자 제본스의 『논리학 입문』이다. 『논리학 체계』와 같이 서양에 널리 알려진 논리학 명저이다.

[영국] 윌리엄 스탠리 제본스William Stanley Jevons 지음. 1908년 번역. 1909년 상해 상무인서관에서 출판. 1959년 삼련서점에서 문장기호 추가본 출판.

7. 『법의法意』(*De L'esprit des Lois*)

원작은 서양 자산 계급 법학의 경전이라 할 수 있는 『법의 정신』이다. 1748년 출판된 이후 큰 반향을 불러일으키면서 2년 사이에 무려 22차례나 인쇄되었고 여러 언어로 번역되었다. 엄복 역시 이 책을 중요하게 여겨 번역할 때 최대한 원문에 충실하려고 각별히 신경을 썼다.

[프랑스] 샤를 몽테스키외Charles Montesquieu 지음. 1902~1909년 번역. 1904~1909년 상해 상무인서관에서 출판(전 7권). 원작이 출판된 지 161년 만에 번역본이 출간됨. 약 52만 자.

8. 『군기권계론群己權界論』(*On Liberty*)

서양 자산 계급 정치학의 주요 저서로 원작은 『자유론自由論』이다.

[영국] 존 스튜어트 밀John Stuart Mill 지음. 1899년 번역. 1903년 상해 상무인서관에서 출판. 약 8만 자.

1931년 상무인서관에서 상기 8편의 번역서를 취합해 〈엄역명작총간

嚴譯名著叢刊〉(여섯 번째 번역서는 『명학名學』으로 바꿔 출판)을 출판했다. 이 여덟 편의 번역 작품을 통틀어 엄복 번역의 '8대 명저' 혹은 '엄역팔경嚴譯八經'이라 부른다.

엄복이 번역한 책은 모두 서학의 '정수精髓'라고 할 수 있다. 엄복의 말을 인용하면 '서양의 근본[命脉之所在]'인 것이다. 모두 서양 자본주의 국가의 사회, 경제, 정치 제도를 반영한 사회과학 명저로 이 몇 권의 책만으로도 나라를 다스리는 데 필요한 완전한 사상 체계를 구축할 수 있다. 이로써 엄복의 번역 작업은 명확한 정치적 목적이 있음을 알 수 있다. 비효통費孝通이 말했듯이 "엄복이 번역한 책은 선택을 거친 것이다…… 그 책들은 인류 역사의 한 시대를 대표하는 작품들이다. 즉, 자본주의 시대의 이론적 기초를 이룬 책들인 것이다. 헉슬리의 『천연론』에서 말하는 '우승열태, 물경천택'은 지금의 말로 쉽게 풀어 설명하자면 뒤처지면 곧 도태淘汰된다는 것을 의미한다. 이 간단한 이치가 우리 앞 세대 지식인들을 크게 고무시켰고 그 영향으로 양계초 등 선각적 지식인들이 민족의식 고취, 강국의 길 모색을 골자로 하는 유신운동을 펼쳐 나갔다."[7] 모단毛丹도 "엄복이 여러 권의 책을 선별해서 번역·소개할 때, 각각의 구체적인 취지는 달랐으나 구망도존救亡圖存(망해가는 나라를 구하고 생존을 도모함—옮긴이 주)과 계몽 사상을 고취시키고자 한 목적은 동일하다. 엄복은 번역과 방대한 해설을 통해 서양 자산 계급의 선진 경제 사상, 정치 및 법률 이론, 사회 학설, 과학적 방법론, 실증철학 등을 중국인에게 소개했고, 이를 통해 근대 '서학동점西學東漸'의 체계 및 이론, 형식의 토대를 다졌으며, '서학의 으뜸'이자 계몽 사상가라는, 누구도 대체

7 비효통費孝通, 「영륜잡감英倫雜感」, 『문사자료선집文史資料選輯』 第87집, p. 48.

할 수 없는 지위를 얻을 수 있었다"라고 기술했다.[8] 채원배蔡元培는 "최근 50년간 서양 철학을 소개한 인물 중 단연 일인자"라고 하면서 엄복을 높이 평가했다(신보관, 『최근 50년最近之五十年』). 이처럼 엄복이 번역한 '8대 명저'는 단순 번역 작품에 그치지 않고 중국 사회계몽운동의 이론적 토대가 되었다.

따라서 엄복은 단순한 번역가가 아니라 계몽 사상가로서의 번역가이다. 그의 번역서와 번역철학은 중국 번역사상에 길이 남을 기념비적인 의미를 갖고 있으며 마르지 않는 강물처럼 영원할 것이다. 엄복의 번역 작품, 그리고 그가 쓴 예리한 번역 범례와 서문 및 수백 편의 해설로부터 알 수 있듯이 엄복은 뛰어난 번역가였을 뿐만 아니라 체계적인 번역 사상을 갖고 있었던 근대 번역 이론가였다.

엄복의 번역 작품에 대한 역사적 평가

엄복의 번역 작품을 평가할 때는 반드시 역사적인 관점에서 객관적이고 변증법적으로 평가해야 한다.

우선, 엄복과 같은 시기의 문인들이 엄복의 번역에 대해서 어떻게 평가하고 있는지 살펴보자. 유명한 동성파桐城派 고문古文학자 오여륜吳汝綸은 "스미스가 쓴 원서는 이론이 매우 심오하고 사유가 치밀하며 방대한 지식을 다루고 있기 때문에 한 번 봐서는 결코 그 깊은 뜻을 다 이해할 수 없다. 엄복은 뛰어난 필력으로 표현하기 곤란한 내용을 명확하게 전달했을 뿐만 아니라 때때로 원문의 오류를 바로 잡기까지 했는데 엄복이 덧붙인 내용은 한결같이 시국의 문제점을 예리하게 짚어냈고 군더

8 모단毛丹, 「엄복 사상 궤적에 대한 재인식嚴复思想軌迹的再認識」, 『학술월간學術月刊』 제11기, 1987, p. 67.

더기 없이 깔끔하다. 진정 세상에 이로운 훌륭한 작품이다"[9]라고 칭찬했다. 오여륜은 또 엄복의 『원부』에 대해서 다음과 같이 평가했다. "스미스가 쓴 이 책은 사물의 이치를 파고들어 물체의 상태를 깊이 있게 표현해냈는데 엄복이 심오하고 어려운 내용을 잘 파악함으로써 뛰어난 필력으로 표현하기 어려운 내용을 매끄럽게 잘 전달했다. 오늘날 중국에서 서양 서적을 번역하기 시작한 이래 엄복을 따라갈 자는 없을 것이다"라고 칭찬을 아끼지 않았다.

현대 번역가인 왕좌량王佐良 역시 엄복의 번역 방법에 대해 구체적인 평가를 내놓았다. "번역의 방법에 있어서 엄복은 원문의 형태에 얽매이지 않고 중국 고문의 전통 형식에 맞게 번역했다. 헉슬리의 『천연론』을 번역한 것을 예로 들면, 원문의 복문을 단문으로 번역했고 주문과 종속문을 병렬竝列로 대체했으며 1인칭을 3인칭으로 바꾸고 평범한 서술문에 생동감 있는 설명을 가미하여 인류의 진화를 다룬 명저를 중국 전통의 사학적 표현법으로 번역함으로써 독자가 강렬한 역사의식을 느낄 수 있도록 했다. 한편 과학 용어를 번역할 때에는 과감하게 새로운 어휘를 사용했지만 어휘 선택에 있어서 매우 신중했다. 엄복이 번역한 어휘 중 일부는 지금까지도 사용된다."[10]

엄복 번역 활동의 가장 큰 성과는 바로 번역을 예술 창조 활동으로 간주했다는 것이다. 그리고 가장 큰 특징은 원문의 내용과 형식을 하나의 완전한 통일체로 보고 통합적으로 이해하고 받아들여 번역함으로써 '원문의 형식에 얽매이지 않았다'라는 것이다. 엄복의 번역 작업은 예술

9 『엄복집』 제5권, p.1562~1563.

10 왕좌량, 「Two Early Translators Reconsidered」, 『외국어 교육과 연구外語教學與研究』 제1기, 1981.

품을 조각하는 것처럼 세밀했고 완벽함을 추구했다. 따라서 그가 번역한 작품은 원작의 내용과 형식(서구화된 고문 형식)이 완벽하게 결합된 통일체로서 시대적인 특징과 번역자의 개성이 어우러진 예술 작품이라고 할 수 있다. 엄복의 번역 작품은 원작과는 별개로 독창적인 사상적·학술적·문학적 가치를 지니고 있었고, '고문학사에서 높은 지위를 인정받아야 한다'라고 평가될 만큼 창작물 못지않은 공헌을 했다. "번역은 역자의 개성이 드러나는 '반半창작'"이라고 했던 노신魯迅의 정의가 가장 잘 들어맞는 작품이 아닐 수 없다.

이와 같은 번역은 일반 번역자로부터 나올 수 없다. 서양 자본주의 사상과 학설에 대한 깊은 연구와 동서양에 대한 깊이 있는 성찰과 비교가 없었더라면, 영국 유학을 통해 서양의 국가사회, 정치, 경제, 문화를 몸소 체험하지 못했더라면, 또한 높은 수준의 중국어와 외국어를 구사하지 못했더라면 원작을 그렇듯 깊이 이해하고 느낄 수는 없었을 것이다. 한마디로 그와 같은 걸작을 남길 수 있는 사람은 오직 엄복뿐이다. 왕식王栻은 "단언컨대 1895년(광서 21년) 당시 43세로 북양수사학당 총장직을 맡았던 엄복의 서양 학문에 대한 조예와 서양 사회에 대한 이해는 이홍장李鴻章, 곽숭도郭嵩燾, 장지동張之洞 등 양무파 인사들과는 비교할 수 없을 정도로 뛰어났을 것이다. 심지어 청일전쟁 전에 외국에 가봤던 유신파 인사들, 예를 들면 왕도王韜, 정관응鄭觀應, 하계何啓 등, 그리고 청일전쟁 후 유신운동을 이끌었던 강유위, 양계초 등 유명 학자들도 감히 넘볼 수 없는 정도였을 것이다"라고 말했다.[11]

호선숙胡先驌은 엄복의 번역 태도와 번역문을 근거로 그의 번역 이념

11 왕식王栻, 「엄복과 번역명작嚴復與嚴譯名著」, 『엄복과 그의 번역 명저를 논하다論嚴復與嚴譯名著』, 상무판商務版, 1982, p. 4.

을 다음과 같이 평가한다. "엄복의 번역 작품이 뛰어난 것은, 그가 번역을 할 때 책 제목을 번역하는 데에만 몇 달 동안 고민에 고민을 거듭할 정도로 최선을 다해 신중하게 임했기 때문이다. 이런 연고로 그의 번역 작품은 신信, 달達, 아雅, 이 세 가지를 모두 갖추고 있다. 내가 『군기권계론』, 『사회통전』 등의 번역서를 원작과 비교해본 결과, 표현해내지 못한 내용이 없었으며 원문에 부재한 뜻을 덧붙인 것도 없었다…… 번역을 하는 사람들은 이를 오래도록 모범으로 삼아야 할 것이다." 책 제목을 번역하기 위해 몇 달 동안 고민에 고민을 거듭하는 엄복의 정성과 직업 정신은 그야말로 후대의 번역가들이 본받아야 할 부분이다. 예를 들면, '천연天演'이라는 두 글자는 Evolution을 번역한 것인데 오늘날에는 '진화進化'로 많이 번역된다. 하지만 헉슬리가 책의 서언에서 밝혔듯이 Evolution에는 '진화'라는 뜻 외에 '퇴화退化'라는 의미도 있다. 엄복이 선택한 '천연'이라는 어휘는 헉슬리가 말하고자 했던 의미를 표현하기에 안성맞춤이다. 이렇듯 엄복의 번역은 '한 글자 한 글자 저울로 달아낸 듯' 정확하게 들어맞는다.

노신은 엄복의 번역에 대해 "엄복의 번역은 한나라, 당나라 경서 번역사의 축소판이다. 중국의 불경번역사를 살펴보면, 한 말에는 주로 '질직質直(직역과 같은 의미)'의 방식이 채택되다가 육조六朝에 이르러 그야말로 '달達'과 '아雅'에 가까운 번역이 등장한다. 엄복의 역서 『천연론』은 바로 후자를 본보기로 삼았다고 할 수 있다"라고 분석하고 엄복의 번역 이론이 고대 경서 번역의 전통을 이어 받았음을 높이 평가했다(『번역에 관한 노신과 구추백의 편지鲁迅和瞿秋白關於翻譯的通信』).

물론 객관적으로 보자면 엄복의 번역도 부족한 일면이 없지 않다. 살진빙薩鎭冰은 엄복의 번역에 대해 다음과 같이 지적했다. "『천연론』 원작의 저자 헉슬리는 글을 쓰거나 발표를 할 때 과학자가 마땅히 지녀야 할 자세를 보여주었다. 모든 과학적인 가설은 반드시 입증되어야 하고 계속 수정·보완을 거쳐야 한다는 점을 잘 알고 있었던 것이다. 그래서 그의 글에는 단정이 없다. 이러한 점이 오히려 글의 설득력을 높여주었다. 하지만 엄복의 번역문은 마치 설교하는 듯한, 뭔가를 강요하는 것 같은 느낌을 준다. 이는 헉슬리의 서술 방식과는 완전히 다를 뿐만 아니라 글의 분위기를 아주 딱딱하게 만들고 있다. 헉슬리의 『진화와 윤리』는 그가 한 대학교에서 했던 강연의 원고로 연설체로 쓰여졌으며 글의 리듬이 자연스럽다. 하지만 엄복은 고문학자들이 글을 쓸 때 주로 썼던 문어체를 즐겨 사용했다. 역서 『천연론』 1장 첫 문장을 보면 나름 기품은 있으나 너무 길어 읽기 힘들고 문체 스타일 또한 원작의 연설체와는 거리가 멀다."[12] 살진빙은 원작의 문체와 뉘앙스 번역 측면에서 엄복의 『천연론』을 객관적이고 공정하게 비판한다. 오광건伍光建도 『천연론』에 대해 "『천연론』 시작 부분에 나오는, 서재에서 먼 곳을 바라보는 묘사는 원래 원작에는 없는 것으로서 이러한 번역 방법은 바람직하지 않다"라고 비평했다.[13] 또 일각에서는 엄복의 번역이 과할 정도로 고전적인 우아함을 추구한 나머지 번역자의 개성이 너무 강조되었으며 엄복이 덧붙인 해설 가운데 일부 내용은 끼워 맞춘 듯 억지스럽다(새로운 설을 옛 뜻으로 해석하는 등)는 의견도 내놓고 있다. 이러한 비판적 견해에 대해서는 역사적·변증법적·발전적 관점에서 평가가 이루어져야 한다. 그래야만 객

12 대류령戴鎦齡, 「살진빙이 엄복의 번역을 논하다薩鎮冰談嚴復的翻譯」, 『번역통신翻譯通訊』 제6기, 1985.

13 오려보伍蠡甫, 「〈오광건 번역유고〉 전기〈伍光建翻譯遺稿〉前記」, 『번역연구논문집翻譯研究論文集(1949~1983)』, p.325.

관적이고 공정한 결론을 얻을 수 있다.

비록 일부 문제점이 지적되고 있기는 하나 그의 번역 작품이 '신, 달, 아' 철학을 가장 잘 드러낸 불후의 명작이자 번역의 모범 답안임은 분명한 사실이다. 그런 점에서 엄복은 명실상부한 중국 전통 번역사상의 창시자이다.

'신信, 달達, 아雅': 중국 전통 번역사상의 핵심

엄복은 중국 고전 문학 이론을 바탕으로 중국 고대 불경 번역사상의 '정수'를 받아들였다. 그리고 풍부한 번역 경험을 바탕으로 번역 이론을 정리해 '신信, 달達, 아雅'라는 분명한 번역 원칙과 기준을 제시했다. 번역의 '삼자경三字經'이라고도 불리는 이 세 가지 기준은 일반적인 원칙 혹은 기준이 아니라 중국 전통 번역 이론의 핵심이며 중국 전통 번역사상의 정수이다.

엄복은 『천연론』의 「번역 범례」를 통해 '신, 달, 아'를 명확히 정의하고 있다.

> 번역에는 세 가지 어려움이 있다. 원문에 충실하고[信], 의미를 전달하고[達], 문장이 아름다워야 한다[雅]. 원문에 충실하게 번역하는 것만으로도 아주 어려운 일이다. 하지만 원문에 충실한 번역일지라도 의미가 전달되지 않으면 번역하지 않은 것과 마찬가지이다. 따라서 의미의 전달이 더 중요하다. 중국이 서양과 통상을 시작한 이래로 각지에 외국어에 능한 인재가 많아졌지만 임의로 어떤 책을 골라 번역을 맡기면 원문에 충실하고 의미가 전달되도록 번역할 수 있는 자는 매우 드물다. 그 이유는 첫째, 학문의 깊이가 얕기 때문이요, 둘째, 지식이 편협하기 때문이며,

셋째, 번역의 세 가지 어려움을 제대로 이해한 사람이 적기 때문이다.

…… 번역자가 먼저 원문 전체의 맥락을 철저히 이해해야 앞뒤가 서로 통하는 번역이 된다. 원문의 뜻이 심오해 이해하기 어렵다면, 앞뒤의 문장을 참고해 의미를 파악한다. 이러한 작업은 모두 의미의 전달을 위한 것이며 의미를 전달하는 번역이 곧 원문에 충실한 번역이다.

『주역周易』에서는 "말을 사용할 때 참된 마음을 가져야 한다"라고 했다. 공자는 "의미의 전달이 중요하다", 또 "말에 문채文采(아름답고 기품 있는 언어 표현과 풍격—옮긴이 주)가 없으면 멀리 전해지지 못한다"라고 했다. 이 세 가지는 글을 쓸 때의 규범이며 번역의 모범이다. 따라서 원문에 충실하고 의미를 전달하는 것 외에 규범에 맞는 문장의 아름다움도 요구된다……

엄복의 '신, 달, 아'는 하나의 완전한 유기체로서 셋 중 어느 하나도 없어서는 안 되는 불가분의 관계이다. '신'은 '근본적인 것'이고 '아'는 '보여지는 것'이며 '달'은 '이어주는 것'으로 이 세 가지는 삼위일체이다. 아래에 『천연론』을 예로 비교해보겠다.

[영어 원문]

It may be safely assumed that, two thousand years ago, before Caesar set foot in southern Britain, the whole countryside visible from the windows of the room in which I write, was in what is called "the state of Nature." Except, it may be, by raising a few sepulchral mounds, such as those which still, here and there, break the flowing contours of the downs, man's hands had made no mark upon it; and the thin veil of vegetation which overspread the broad-backed heights and the shelving sides of the coombs was unaffected by his industry. The native grasses and weeds, the scattered patches of gorse, contended with one another for the possession of the scanty surface soil; they fought against the droughts of summer, the frosts of winter, and the furious gales which swept, with unbroken force, now from the Atlantic, and now from the North Sea, at all times of the year; they filled up, as they best might, the gaps made in their ranks by all sorts of underground and overground animal ravagers. One year with another, an average population, the floating balance of the unceasing struggle for existence among the indigenous plants, maintained itself. It is as little to be doubted, that an essentially similar state of nature prevailed, in this region, for many thousand years before the coming of Caesar; and there is no assignable reason for denying that it might continue to exist through an equally prolonged futurity, except for the intervention of man.

[현대 중국어 번역문][14]

可以有把握地想象，二千年前，当凯撒到达不列颠南部之前，从我正在写作的这间屋子的窗口可以看到整个原野是一种所谓“自然状态”. 也许除了若干突起的坟墓已在几处破坏了连绵的丘陵的轮廓以外，此地未经人工修葺整治. 薄薄的植被笼罩着广阔的高地和峡谷的斜坡，还没有受到人的劳

14 『진화론과 논리학進化論與倫理學』, 과학출판사科學出版社, 1971.

动的影响. 本地的牧草和杂草, 分散在一小块一小块土地上的金雀花, 为了占据贫乏的表面土壤而互相竞争着; 它们同夏季的烈日斗争, 同冬季的严霜斗争, 同一年四季从大西洋或北海不断吹来的狂风斗争; 它们尽其最大可能来弥补为各种地上和地下动物所造成的破坏. 年复一年, 在本地植物中不停的生存京争, 在不平衡的状态下, 维持了它们自己的通常种群数量. 无可怀疑, 凯撒到来之前的几千年, 在这个地区主要的是类似的自然状态占优势; 除非由于人的干预, 也没有可以申明的理由来否定它能够狗经过同样长的将来继续生存下去.

[엄복의 번역문]

赫胥黎独处一室之中, 在英伦之南, 背山而面野, 槛外诸境, 历历如在几下. 乃悬想二千年前, 当罗马列大将恺彻未到时, 此间有何景物. 计惟有天造草昧, 人功未施, 其借征人境者, 不过几处荒坟, 散见坡陀起伏间. 而灌木丛林, 蒙茸山麓, 未经删治如今日者, 则无疑也. 怒生之草, 交加之藤, 势如争长相雄, 各据一抔壤土. 夏与畏日争, 冬与严霜争, 四时之内, 飘风怒吹, 或西发西洋, 或东起北海, 旁午交扇, 无时而息. 上有鸟兽之践啄, 下有蚁蝝之啮伤. 憔悴孤虚, 旋生旋灭. 菀枯顷刻, 莫可究详. 是离离者亦各尽天能, 以自存种族而已. 数亩之内, 战事炽然, 强者后亡, 弱者先绝. 年年岁岁, 偏有留遗. 未知始自何年, 更不知止于何代. 苟人事不施于其间, 则莽莽榛榛, 长此互相吞并, 混逐蔓延而已, 而诘之者谁耶![15]

[한국어 번역문]

시저가 남브리튼 지역에 발을 디딘 것은 2000년 전, 내가 이 글을 쓰고

15 엄복, 『천연론』 제3권, p. 516.

있는 방의 창문을 통해 볼 수 있는 이 지역 전체는 아마도 그 당시 문자 그대로 '자연 상태'였으리라고 쉽게 짐작할 수 있다. 지금도 이곳저곳에서 구릉지의 윤곽을 흩어놓고 있는 무덤 둔덕들만이 당시에 살았던 인간의 흔적으로 남아 있다. 너르게 이어지는 고지대와 골짜기 비탈을 뒤덮고 있는 다소 빈약해 보이는 식생植生에서도 인간의 손길은 느껴지지 않는다. 이 지역에는 잔디, 잡초, 그리고 이곳저곳에 조각보처럼 덤불을 이루고 있는 가시금작화가 빈약한 표토를 차지하기 위해 다투고 있다. 이들은 한 해 내내 한여름의 가뭄, 겨울의 서릿발, 그리고 때로는 대서양에서, 또 때로는 북해로부터 쉴 새 없이 덮쳐오는 강풍과 싸우며 살아남았다. 이들 식물은, 지상의 동물은 물론 흙 속에 살고 있는 온갖 동물의 공격을 견디고 틈새를 만들어 번성해왔다. 토착 식물 사이에 생존 경쟁이 끊임없이 이어졌을 것이고, 따라서 매해 부침이 있었겠지만 각 식물 집단의 평균 크기는 대체로 유지되어왔을 것이다. 시저가 발을 디디기 전 수천 년 동안 이 지역의 자연이 본질적으로 비슷한 상태로 유지되어왔으리라는 사실을 의심할 이유는 없다. 인간의 간섭만 없다면, 앞으로도 역시 수천 년 동안 이 지역의 자연 상태에 큰 변화는 없을 것이다.

엄복이 주창한 '달達'과 '신信'에 대해 살펴보면 다음과 같다.

첫째, '달'은 '신'을 위한 전제 조건이다. 엄복의 '신'과 '달'은 영원불변의 기준이다. 위에서 제시한 글을 비교해보면 알 수 있듯이 현대 중국어 번역문은 원문의 순서에 따라 번역해 무미건조한 느낌을 준다. 반면, 엄복은 단어와 구문의 순서를 바꾸어 번역하고 원문에 없는 것을 추가하기도 하며 앞뒤 문장을 참고해 의미를 드러냈다. 이러한 작업은 모두 의미의 전달을 위한 것이며, 의미를 전달하는 번역이라야 곧 원문에 충실한 번역이라고 생각했다. 엄복은 원문의 깊은 뜻을 파악해 번역문이 원문의 의미를 벗어나지 않도록 함으로써 '신'과 '달'의 극치, 완벽한 융합을 보여주었다. 그는 글 전체의 '달'을 추구했다. 이는 글 전체의 '신'을 위해서였다. 따라서 그의 번역사상은 '구phrase'를 단위로 하는 '구 본위句本位' 사상이 아닌 '단락paragraph'을 단위로 하는 '편 본위片本位' 사상임을 알 수 있다. 이처럼 엄복의 번역사상은 독특하고 완전한 이론 체계를 갖추고 있다(아쉬운 점은 엄복의 번역에 뉘앙스, 인칭, 분위기 등이 원작을 벗어나 다른 부분이 많다는 것이다. 이에 대해 이미 많은 학자들이 비판적인 의견을 제기했다).

둘째, '신'과 '달'은 조화의 '도道'를 추구한다. 「양계초에게 쓴 편지與梁啓超書」에서 엄복은 다음과 같은 말을 했다. "내 생각에 글은 이상理想을 담는 날개이고 감정을 전달하는 소리이다." 언어는 사상을 담아내는 그릇이다. 따라서 영어와 중국어는 많은 차이점을 가질 수밖에 없다. 엄복은 『천연론』의 「번역 범례」에서 "영어 문장 속의 일부 명사는 예를 들면서 해석을 덧붙였다. 이러한 해석을 글 중간 중간에 덧붙여 마치 중국어의 주석과 같으므로 앞뒤의 문장이 서로 호응하고 의미가 하나로 이어지면서 완전한 글이 된다. 영어의 문장 구조상 한 문장이 적으면 두세 개, 많으면 수십 개, 수백 개의 단어로 이루어졌기 때문에 기계적으로 직역하면 의미가 통하지 않을 수도 있다. 하지만 어려운 부분을 빼버린다면 의미의 누락이 있을 수 있다"라고 했다. 『군기권계론』의 「번역 범례」에는 다음과 같이 적혀 있다. "원작의 이치가 심오하고 의미나 문장이 복잡해 원문에 따라 번역하면 번역문이 아주 난해해진다. 따라서 어쩔 수 없이 순서를 바꾸어야 하는데 이는 영어를 중국어로 번역할 때의 정법定法이다. 영어 문법은 중국어와 판이하다. 이 점은 밀의 서언에서도 알 수 있다. 내 번역 작품을 읽은 국내 독자가 "난해하다. 어렵고 심오하다"라고 지적하는 것은 원작이 훨씬 더 어렵다는 것을 몰라서 하는 소리이다." 중국어와 영어의 차이에 대해 이해가 깊지 못하면 '신'과 '달' 사이에서 균형을 잡지 못하고 한쪽으로 치우치게 된다. 그렇게 되면 '신'과 '달'이 하나가 될 수 없고 양계초가 언급한 것처럼 "화려한 글을 좇다가 영어 원문의 뜻을 잃거나 혹은 영어 원문의 뜻을 좇다가 중국어 번역문의 가독성이 떨어지게 된다." 이것이 번역의 어려운 점이다. "번역자는 사람들에게 원문의 뜻을 잘 전달해야 한다. 만약 원문의 뜻이 잘 살지 않는다면 일부를 삭제하거나 없는 것을 덧붙이고 순서를 바꾸어놓는다고 해도 결코 나쁘지 않다. 물론 역자와 원저자의 지식 수준이 비슷해야 이렇게 할 수 있다. 최근 엄복이 『치공治功』과 『천연론』을 새로 번역했는데 이 같은 방법을 썼다."

다음은 '아雅'의 의미에 대한 내용이다.

'아'의 첫 번째 의미는 번역 작품의 문학적·예술적 가치를 말한다. 번역은 예술이다. 예술의 참뜻은 창조성에 있다. 엄복은 번역을 예술로 보고 창조적인 번역을 했다. 따라서 그의 번역 작품은 항구적인 학술적 가치를 갖고 있을 뿐만 아니라 영원한 문학적·예술적 가치를 갖는다. 엄복이 주창한 '아'도 이러한 가치를 함의한다고 생각된다. 곽말약이 말했듯이 소위 '아'라고 하는 것은 번역문의 수준이 얼마나 높고 얼마나 화려한가를 말하는 것이 아니라 문학적 가치 혹은 예술적 가치가 얼마나 높은가를 가늠하는 것이다.[16] 이것이 곧 '아'가 갖고 있는 첫째 의미이며 '아'의 핵심 의미이다.

---

16 곽말약郭沫若, 「〈러시아어 교학〉 편집실에 보내는 답신」, 『번역연구논문집翻譯研究論文集(1949~1983)』, p. 20.

'아'의 두 번째 의미는 (동성파 문인의) 아속관雅俗觀과 일맥상통한다. 이때 '아'는 '달'을 위함이다. 이는 엄복이 제창한 '아'의 본래 의미이다. 엄복은 자신의 번역문 수사에 동성파 고문학자의 미학 기준을 적용했다. 동성파 고문학의 원칙은 한마디로 '아결雅潔'이다. 엄복은 『천연론』의 「번역 범례」에서 "실로 정치精致하고 심오한 이치나 말은 한나라 이전의 문장 규범을 따르면 의미 전달이 쉽고, 근래의 유행어(통속어)를 사용하면 의미 전달이 어렵다. 원작의 의미를 무시하고 수사에 치중하면 작은 차이가 때로 큰 잘못으로 이어진다. 따라서 이 두 가지 방법 사이에서 신중함을 기할 수밖에 없으며 이는 결코 기이함을 추구하기 위한 것이 아니다"라고 했다. 다시 말해서 엄복의 '아'는 '달'을 위함이었다. 한유韓愈도 다음과 같은 명언을 남겼다. "글은 난해한지 용이한지가 중요하지 않다. 의미만 정확하면 된다." 엄복이 추구한 것이 바로 고전적인 우아함을 지닌 문장을 통한 '정확한 의미' 전달이었다. "통속적인 말로 정치한 이론을 표현할 수 없고 비속한 풍격으로 단정한 태도를 전달할 수 없다." 오직 정교하고 아름다운 번역문이어야만 깊은 산속에 숨겨둔 것처럼 오래도록 그 가치를 인정받을 수 있다. 이것이 바로 엄복의 아속관이다. 노신은 엄복 번역문의 이러한 동성파 기질이 다분한 '아'를 아주 높이 샀다. 노신은 엄복의 번역에 대해 "가장 이해하기 쉬웠던 것은 물론 『천연론』이었다. 동성파 기질이 농후한 이 작품은 한 자 한 자 운율까지 신경을 쓰며 옮겨서 머리를 흔들며 읽노라면 규칙적인 소리에 어지럼증을 전혀 못 느낀다"[17]라고 묘사했다. 이는 엄복이 번역에서 추구하는 '아'가 무엇을 뜻하는지를 잘 보여주고 있다.

17 『노신전집魯迅全集』 제4권.

'아'의 세 번째 의미는 시대에 맞춰 발전하는 일종의 이론 체계 개념이다. 사실 오늘날 우리는 '아'를 시간의 흐름에 따라 끊임없이 변화를 거듭하는 '가변적인 기준'으로 봐야 할 것이다. 다시 말해 고도로 함축적이고 간단하면도 모호한 하나의 이론 체계로 보아야 한다. 이론적 틀 자체가 모호하고 함축적이었기에 후세 사람들이 시대의 발전에 따라, 번역 이론에 대한 인식의 변화에 따라 지속적으로 그에 내재된 의미를 풍부히 할 수 있었던 것이다. 각 역사적 시기마다 '아'의 기준에 대해 각기 다른 해석을 하고 있다. 엄복의 이 창조적인 이론 체계가 없었다면 오늘날 번역 이론의 발전은 없었을 것이다. 이것이 바로 번역이론사에 엄복이 남긴 공헌 중 하나이다.

엄복의 '신, 달, 아' 이론은 100년이 지난 지금까지도 큰 영향력을 행사하고 있으며 후세의 번역 종사자들에 의해 다듬어지고 발전된 결과, 작금에는 본래의 의미를 뛰어넘어 하나의 독립적인 이론으로서 새로운 생명력을 발산하고 있다. '신, 달, 아' 이론은 중국 번역사상사의 한 획을 긋는 기념비적인 이론으로 자리매김했다.

'비정법非正法' 번역: 엄복 번역사상의 핵심 요소

엄복은 『천연론』의 「번역 범례」에서 "의역[達旨]이란, 직역[筆譯]을 말하는 것이 아니며 의미를 드러내기 위한 편법으로 정법은 아니다"라고 주장했다. 엄복이 번역한 작품은 모두 10여 권이며 번역 방법은 '정법正法'과 '비정법非正法' 방식 모두를 적절하게 채택했다. 철학자 하린賀麟은 엄복의 '8대 명저'를 번역 시기에 따라 다음과 같이 세 부분으로 나누었다.

초기 작품: 『천연론』, 『법의』, 『밀 논리학』. 의역의 방법을 많이 썼으며 의미 전달에 치중해 '신'이 부족함.

중기 작품: 『군학이언』, 『원부』, 『군기권계론』, 『사회통전』. 번역 방법이 좀 더 직역에 가까우며 신, 달, 아를 모두 갖추었음.

후기 작품: 『명학천설』. 자유롭게 의역함. 심지어 비유나 예를 들 때에는 자신의 말로 대체함. 『중국 교육 논의』는 '신문문학체[報章文學體]'로 썼으며 번역 방법이 더욱 자유로웠음.[18]

이러한 기준에 따르면 엄복의 중기 작품은 '정법', 즉 본래 의미대로의 번역이고 신, 달, 아 모든 기준을 충족시키는 진정한 번역이다. 초기와 후기의 작품은 대부분 '비정법', 즉 다른 의미의 번역 방법을 썼다. '의역' 혹은 '역술譯述(번역문 가운데 평가, 해설, 부연 설명을 넣거나 빼거나 혹은 바꾸는 것)', 심지어 완전히 새로운 번역 방법(비유할 때 자신의 말로 대체하는 방법)을 쓰기도 했다. 엄복은 『명학천설』 서언에서 "의미나 취지는 원작을 따랐고 비유나 예를 들 때에는 나 자신의 말로 대체한 부분이 많다(즉, 중국인이 잘 아는 예로 원작의 예를 대체)"라고 말했다. 엄복이 이러한 방법을 사용한 데는 그럴 만한 이유가 있었다. 하지만 이에 대해 부사년傅斯年은 "헉슬리나 몽테스키외가 몇 년 더 살아 중국어를 배워 엄복의 번역문을 보게 된다면 틀림없이 법원에 고소했을 것이다. 그 정도는 아니더라도 엄복은 분명 신문에 해명 기사를 내야 했을 것이다." 또 "그(엄복)는 오직 자기 자신한테만 책임을 지고 오직 자신의 명성과 지위에만 책임을 진다[19]…… 이는 도덕적으로 용납될 수 없는 일이다"라고 했다. 사

18 하린賀麟, 「엄복의 번역嚴復的翻譯」, 『번역연구논문집(1894~1948)』.

19 부사년傅斯年, 「역서감언譯書感言」, 『번역연구논문집(1894~1948)』, p.60.

실 부사년의 이 같은 비판은 지나치게 독단적이고 극단적이다. 그의 지적과는 정반대로 엄복의 '비정법' 번역 방법은 사회나 독자에 대한 강한 책임감에서 비롯된 것으로 오직 자기 자신한테만 책임을 지고 오직 자신의 명성과 지위에만 책임을 지기 위한 것이 결코 아니었다. 엄복이 '정법'을 따르지 않고 '의역' 혹은 '역술'의 방법을 채택한 이유는 '특수한 것을 섭취攝取, 즉 얻고자 하는 요구'[20]때문이었다. 그의 번역은 모두 시대를 위해 행해진 것이었다. 근대 계몽 사상가로서 서양의 것에서 진리를 추구하고 서양의 사상을 번역하고 소개할 때, 원래의 것을 곧이곧대로 옮겨놓고 받아들인 것이 아니라 중국 사회의 상황과 국민의 필요에 따라 서양 문화와 사상을 선택적으로 섭취하고 예리한 해석까지 덧붙여놓았던 것이다.

해설은 엄복 번역의 가장 큰 특징이며 그의 번역사상에서 간과해서는 안 될 부분이다. 총 190여만 자에 달하는 10여 권의 역작 가운데 '해설' 방식을 취한 부분만 총 700여 문단, 약 19만 자에 달한다. 이는 엄복 번역 작품의 10분의 1을 차지하는 분량이다. 엄복이 발표한 논문의 총 글자 수가 20만 자에 불과하다는 점을 감안하면 해설이 그의 번역에서 얼마나 중요한 부분을 차지했는지 가히 짐작이 간다. 그의 해설은 일반 번역의 '역주譯注'와 다르며, 방증을 위한 인용[博引旁證], 의론과 이치에 대한 설명, 의미를 드러내기 위한 방법이었던 것이다. 엄복은 번역문 중의 해설을 통해 자신의 독특한 인식이나 깨달음, 사상과 주장을 피력하고자 했는데 늘 중국의 것과 연계해서 생각하려고 했다.[21] 엄복의 해설은 설명식이든 평론식이든 한 마디 한 마디 근거와 목적이 분명할 뿐 아니

20 왕극비王克非, 『중일 근대의 서양 정치철학 사상에 대한 섭취: 엄복과 일본 계몽학자中日近代對西方政治哲學思想的攝取』, 중국사회과학출판사, 1996.

라 지적이며 과학적이고 논리적이다. 번역과 해설, 평론을 결부한 엄복 번역 작품의 가치나 영향력은 일반 번역 작품과 비교가 안 된다. 바로 이런 연고로 엄복의 번역 작품이야말로 중국 번역 역사상 가장 독특하고 뛰어난, 타의 추종을 불허하는 명작이라 할 수 있다. 또한 바로 이런 이유 때문에 엄복의 역작은 중국 자산 계급 계몽운동의 대표적인 작품으로 손꼽히며 당시 구망도존을 위한 호소문이 될 수 있었다.

'비정체'(변체變體라고도 함)법은 엄복이 특수한 역사적 상황 속에서 외국의 문화 사상을 받아들이기 위해 사용한 특별한 번역법이다. 오늘날 이러한 거시적인 번역 방법은 보다 중요한 현실적 의미를 가지며 외국과의 과학기술 및 사상문화의 교류에 있어 큰 역할을 하게 될 것이다. 또한 빠르게 발전하는 21세기 정보화 시대에 엄복의 번역 방법은 현대인이 해외의 정보를 얻는 주요 수단이 될 것이다.

21 이에 대해 일각에서는 엄복이 번역 해설을 통해서 서양 및 유럽 사상 학설과 중국 고대 사상 학설을 비교하는 식의 방법을 쓰는 것은 "갖다 붙이길 좋아해서 그렇다"라는 의견도 내놓고 있다. 예를 들면 살진빙은 엄복은 "억지로 갖다 붙이길 좋아한다. 서양 신학 사상 중 많은 사상이 중국에도 있다고 말했고 심지어 우리 선인들의 사상이나 이론이 종종 서양보다 빨랐다顧吾古人之所得, 往往先之"라고 말하기도 했다. 대류령戴鎦齡, 「살진빙이 엄복의 번역을 논하다薩鎭冰談嚴復的翻譯」, 『번역통신翻譯通訊』 제6기, 1985.

2부

중국 번역사상의 전환기

마르크스주의 번역철학의 창시자 노신

체험에 기반을 둔 창조적 번역가 곽말약

마르크스주의 번역철학의 창시자 노신

노신魯迅(Lu Xun, 1881~1936)은 중국의 대표적인 작가이자 사상 혁명가이면서 위대한 문학 번역가였다. 자신의 문학 생애의 절반을 외국 문학을 소개하는 데 바친 그는 암흑과도 같았던 당시 중국 사회에 희망의 빛을 안겨주었다. 노신은 중국의 전통 번역 이론 및 사상의 계승, 발전에 중요한 토대를 마련했으며 중국뿐만 아니라 전 세계 번역학 발전에 이바지한 걸출한 번역가이다.

1. 번역가로서의 노신: 동서 문화에 대한 깊은 이해

전통 유교 교육과 함께한 성장기

노신은 절강성 출신으로 본명은 주수인周樹人이다. '노신'은 그가 『광인일기狂人日記』를 발표할 때 사용했던 필명이다. 사대부 집안의 가풍을 이어받아 유년 시절부터 전통적인 유교 교육을 받은 그는 열두 살 때 작은할아버지의 경서숙京書塾에서 공부하다가 이후 소흥시紹興市에 있는 삼미서옥三味書屋에서 학업을 계속했다. 어린 시절의 노신은 중국의 전통 문화에 대해 깊이 이해하고 있었으며 다양한 분야에서 두루 뛰어난 재능을 보였다. 17세가 되던 해인 1898년, 남경에 있는 강남수사학당江南水師學堂에 입학했다가 이듬해 강남육사학당江南陸師學堂 부설 광물철로학당鑛物鐵路學堂으로 옮겼다. 이 학교는 당시 유신변법운동의 영향을 받아 개혁적인 성향이 강했다. 덕분에 노신은 그곳에서 서구의 사회과학 서적과 문학 서적을 두루 접할 수 있었다. 노신이 가장 애착을 보였던 책은 엄복이 번역한 『진화와 윤리』였다(엄복은 이 책을 『천연론天演論』이라는 제목으로 출간했다—옮긴이 주). 그는 이 책의 진화론적 사상에 입각해 당시 중국 사회를 관찰했으며 또한 이를 반봉건 투쟁을 선도할 사상적 무기로 다듬어갔다.

1902년 광물철로학당을 졸업한 후 노신은 우수한 성적으로 유학생 선발 시험에 합격해 일본 유학길에 올랐다. 일본에 도착한 그는 먼저 동경 홍문학원弘文學院[1]에서 공부하면서 일본어의 기초를 다지고 영어 공부[2]에도 매진했다. 1904년 선대의학전문학교仙臺醫學專門學校에 입학해 독일어와 러시아어를 배웠으며 다년간의 외국어 학습을 통해 영어, 일본어, 독일어, 러시아어를 구사할 수 있게 되었다. 이후 1906년 의학도의 꿈을 접고 작가로 전향하면서[3] 기나긴 창작과 번역의 길로 접어들게 되었다.

---

1 당시 중국 유학생을 위해 설립된 교육 기관으로 유학생들이 본격적인 유학 생활을 하기 전에 일본어와 기초 과목을 배우던 예비 학교였다.

2 노신은 강남수사학당 시절 영어 공부를 시작했으며 이후 광물철로학당에서는 독일어도 공부했다.

3 노신이 선대의학전문학교에 다닐 당시는 러일전쟁이 한창이었다. 노신은 입학 이듬해 선전 영화에서 러시아 군인을 대신해 적진을 염탐하던 중국인이 일본 군사에게 붙잡혀

서구 선진 문명과의 만남

어린 시절부터 전통적인 유교 교육을 받아온 노신은 청년기에 접어들면서는 서구 신진 문명을 적극적으로 수용하게 되었다. 서구 문명과의 접촉을 통해 사상적 기반을 공고히 하여 그리스 신화의 프로메테우스가 인류에게 불을 선사했던 것처럼 절망에 빠져 있던 중국 인민들에게 희망의 빛을 선사했다.

노신은 당시 수많은 외국의 철학자, 문학가, 예술인은 물론 자연과학자와 사회과학자들로부터도 영향을 받았다. 노신에게 사상적 영감을 불어넣은 인물로는 게오르그 헤겔, 아르투르 쇼펜하우어, 프리드리히 니체, 요한 괴테, 프리드리히 실러, 하인리히 하이네, 윌리엄 셰익스피어, 조지 바이런, 마크 트웨인, 귀스타브 플로베르, 스탕달, 알렉산데르 푸시킨, 레프 톨스토이, 표도르 도스토옙스키, 막심 고리키, 니콜라이 고골리, 게오르기 플레하노프, 아나토리 루나차르스키, 헨리크 입센, 바뤼흐 스피노자, 나쯔메 소세키夏日漱石, 구리야가와 하쿠손厨川白村, 무샤노코지 사네아쓰武者小路實篤 등이 대표적이다. 덕분에 노신은 신문학운동 초기 갖은 어려움에 부딪히면서도 묵묵히 자신만의 길을 개척해나갈 수 있었다.

처형당하는 장면을 보게 되었다. 처형 장면을 아무렇지도 않게 구경하는 사람들을 본 노신은 충격에 휩싸였고 지금이 의학을 공부할 때가 아니라는 생각을 하게 된다. 몸이 아무리 건강해도 생각이 깨어 있지 않으면 처형대에서 억울한 죽음을 맞이하거나 같은 민족의 죽음에도 아무런 감정도 느끼지 못하는 구경꾼이 될 수밖에 없다는 깨달음을 얻은 것이다. 노신은 이렇듯 사람들의 생각을 변화시키는 일이야말로 가장 시급한 임무이며 그 임무를 수행하기에 가장 적합한 것이 문학이라고 생각해 그 길로 의학도의 꿈을 접고 문학을 시작하게 되었다 — 옮긴이 주.

2. 중국 근대 문학번역사에서의 노신의 역할

대안적 근대화의 모색

19세기 말에서 20세기 초, 서구 자본주의 사상은 크게 두 가지 흐름으로 갈라지기 시작한다. 미국과 서유럽 자본주의 국가들은 개인주의와 자유주의를 표방하기 시작한 반면, 러시아와 동구권 국가들은 봉건 지배라는 고난의 역사를 겪으면서 인도주의와 민주주의를 기본 정신으로 하는 사상을 강화해나갔다. 노신과 그의 동생 주작인周作人이 작가로 등단하기 전, 중국의 번역계는 양계초와 엄복, 임서와 같은 자산계급 개량주의자와 개혁적 성향의 귀족들이 장악하고 있었다. 이들은 '서구를 배워 진리를 찾자'라는 구호 아래 서구 자본주의 국가의 개인주의와 자유주의 사상을 도입하고자 했다. 이들의 눈에는 당시 선진국이었던 서구권 국가들이야말로 진정한 자유가 실현된 나라였으므로 자연스럽게 그들의 학문과 문학에 대해 긍정적인 견해를 가지게 되었던 것이다.

그러나 당시 번역을 시작한 지 얼마 되지 않았던 노신은 이러한 시대적 조류에 휩쓸리지 않았고 선배 번역가들과는 다른 관점으로 세상을 바라보았다. 그는 '독재에 맞선 혁명적 저항'의 길을 가고 있던 러시아로 눈을 돌렸으며 '압제와 굴종의 역사에서 벗어나 자유해방을 갈망하는' 동유럽 국가들의 혁명에 주목했다. 고통스러운 노예 생활에서 벗어나고자 분연히 떨치고 일어난 동유럽의 슬라브 민족을 보면서 그들과 같은 처지에 있는 중국인들도 깊은 겨울잠에서 깨어날 수 있으리라는 희망을 보았다. 이와 같이 노신은 서구 문학의 번역에 있어 서유럽 일변

도가 아닌 러시아와 동유럽에서 '대안적인 길'을 찾아냈는데 이 지역 작품은 별도로 '외국 신문학'이라고 불리었다.

중국 근대 번역 역사의 대변혁 주도

노신이 중국의 근대 문학 번역의 역사에서 또 하나 크게 공헌한 바가 있다면 그것은 바로 '번역 방법'의 혁신일 것이다.

노신과 주작인이 등단할 즈음 중국의 문학 번역계를 주름잡고 있던 이는 바로 임서였다. 엄복과 임서는 번역을 통해 서구 자산 계급의 선진 문명을 중국에 도입한 선구적 인물들로 중국에서 번역이 활발히 전개될 수 있는 계기를 마련했다. 이들이 있었기에 노신과 같은 많은 선각자들이 서구 사회로 눈을 돌리게 되었던 것이다. 그러나 이 같은 긍정적인 면에도 불구하고 이들은 봉건 귀족으로서 가질 수밖에 없었던 태생적 한계에서 끝내 벗어나지 못했다.

노신과 임서는 모두 청나라 말기 동성파의 거장 오여륜吳汝綸의 제자였다. 당송 시대 고문古文을 최고의 문학으로 추앙하던 동성파의 대표적 작가였던 임서는 서구 문학을 번역할 때에도 고문 형식을 차용했다. 비록 임서는 고문을 이용한 번역을 했으나 구어체의 사용을 주장하던 호적마저도 높이 평가할 정도로 문재가 뛰어났다. 사실 노신 역시 초기에는 임서의 번역에 많은 영향을 받았다. 그러나 노신과 주작인은 이후 이렇게 고문을 사용한 번역에 반기를 들고 원작에 충실한 구어체 직역법이라는 새로운 번역법을 내놓았다. 이는 서구 문학 작품의 번역을 통해 중국 문학이 당송 시대의 고문 형식에서 벗어나 그 본연의 모습을 되찾도록 했다는 점에서 당시로서는 매우 혁신적인 번역법이었다. 그렇다고 임서의 번역이 아무런 가치도 없다는 것은 아니다. 그는 꺼져가던 중국의 고전 문학에 새로운 생명을 불어넣어 주었다.

3. 어둠을 밝힌 횃불: 노신의 번역 인생과 번역관

노신은 외국 문학 번역과 함께 작가로서의 인생을 시작했다. 그는 일생 동안 14개국의 작가 100여 명의 작품 200여 편을 번역했으며 33종의 단행본을 출간했다. 노신은 러시아, 일본, 영국, 프랑스, 독일, 오스트리아, 네덜란드, 스페인, 핀란드, 폴란드, 체코, 헝가리, 루마니아, 불가리아 등 여러 나라의 작품을 번역했는데 그 가운데 러시아 작품이 절반 이상을 차지하고 있다.

노신의 번역관은 몇 단계의 과정을 거치면서 다듬어지기 시작했다. 초기에 해당하는 1907년 노신은 첫 번째 논문인 「마라시력설摩羅詩力設」에서 조지 바이런George Gordon Byron, 퍼시 셸리Percy Bysshe Shelley, 알렉산데르 푸시킨Aleksandr Sergeevich Pushkin, 페퇴피 샨도르Petöfi Sándor[4] 등 낭만주의 시인들을 칭송했다. 그는 이 논문에서 외세의 침략에 대한 저항과 민족 해방을 위한 애국 정신의 중요성을 역설함으로써 봉건 사회의 전체주의적 사상을 강력하게 반대하고 나섰다. 1909년에 출간된 『역외소설집域外小說集』은 러시아와 동구권 국가들의 현실주의 문학 사상이 이미 노신의 번역관에 지배적인 사상으로 자리했음을 단적으로 보여준다.

---

4 헝가리의 대표적인 민족 저항 시인이다. 세르비아 출신 아버지와 슬로바키아 출신 어머니 사이에서 태어났으나 헝가리인으로서의 강한 정체성을 가지고 있었다. 대표작으로는 서사시 〈야노쉬 비테즈János Vitéz〉, 〈민족의 노래Nemzeti Dal〉 등이 있다.

중·후반기에 노신은 여러 작가의 장점을 자신의 것으로 소화한 후 이를 현실주의와 절묘하게 결합해 마르크스주의 번역철학을 정립했다. 노신의 문학과 번역관은 중화 민족 문화에 새로운 방향성을 제시해준다는 점에서 큰 의미를 지닌다. 그는 번역을 통해 혁명 사상의 고취를 주장해왔으며 혁명에 대한 사명감과 정치적 목적의식을 가지고 문학 활동을 전개해왔다. 노신의 번역 인생은 크게 세 시기를 거치게 된다.

첫 번째 시기(1903~1919)

일본에 유학 중이던 1903년, 노신은 처음으로 프랑스 작가 쥘 베른의 『달나라 탐험月界旅行』과 빅토르 위고의 『내가 본 것들隨見錄』 중 「팡틴 이야기哀塵」를 번역하면서 번역가로서 첫발을 내딛었다. 1907년에는 동생인 주작인과 함께 영국의 라이더 해거드Rider Haggard와 앤드류 랭Andrew Lang의 공저 『붉은 별의 잃어버린 역사紅星佚史』[5]를 번역했다. 이후 1909년에는 러시아 작가 레오니드 안드레예프Leonid Nikolaevich Andreev와 푸세볼로트 가르신Vsevolod Mikhailovich Garshin의 작품들을 엮어 두 권의 『역외소설집域外小說集』으로 출간했다. 초기 노신의 번역은 한마디로 '투쟁'과 '호소'였다. 그는 늘 약자의 편에 서서 그들의 목소리를 대변해주었다.

「소설을 시작하게 된 사연我怎麼做起小說來」이라는 글에서 노신은 다음과 같이 밝히고 있다.

> …… 어쨌든 당시 나는 창작보다는 새로운 것을 번역하고 소개하는 데 주력했다. 그중에서 특히 단편 소설을 많이 번역했는데 주로 압제로 고

5 원저의 제목은 『세계의 욕망世界之欲』(*The World's Desire*)이다.

통 받는 민족의 작품들이 많았다…… 내가 추구하는 작품 성향이 '투쟁과 호소'였기 때문에 자연스럽게 동유럽에 시선이 머물렀고, 러시아와 폴란드, 그리고 발칸 반도의 작품을 번역하는 일이 많았다.

『영역판 단편소설집英譯本短篇小說集』의 서문에서도 이 시기 노신의 번역관이 잘 드러난다.

이후 외국 소설들, 특히 러시아, 폴란드, 그리고 발칸 반도 국가들의 작품을 접하면서 고난의 삶을 살고 있는 것이 비단 우리 중국 인민뿐이 아니었음을 깨달았다. 그들은 문학 작품을 통해 투쟁을 부르짖고 있었다.

두 번째 시기(1920~1927)

이 시기 노신은 민주 혁명 사상에서 공산주의 사상으로 사상적 전향을 하면서 번역 성향도 크게 바뀐다. 그는 내외부적 필요에 의해 문예이론에 관한 글들을 번역하기도 했다. 대표적 번역 작품으로는 1920년에 니체의 『짜라투스트라는 이렇게 말했다查拉圖斯特拉的序言』, 1924년에서 1926년에는 일본의 구리야가와 하쿠손의 논문집인 『고난의 상징苦悶的象徵』과 『상아탑을 나서며出了象牙之塔』, 레온 트로츠키Leon Trotskii의 『문학과 혁명文學與革命』 등이 있다. 문예 이론 서적 외에도 러시아와 동구권 작품을 대량으로 번역했는데 헝가리의 페퇴피 샨도르, 불가리아의 이반 바조프Ivan Minchov Vazov의 작품 외에도 프레데리크 반 에덴Frederic Willem van Eeden의 동화 『작은 요하네스小約翰』, 바실리 예로센코Vasilli Yakovlevich Eroshenko의 『복숭아색 구름桃色的雲』, 『예로센코 동화집愛羅先珂童話集』, 그리고 무샤노코지 사네아쓰의 희곡 『한 남자의 꿈一個青

年的夢』 등이 있다.

사실 노신은 늘 분명한 목적성을 가지고 번역에 임했다. 일례로 『예로센코 동화집』의 경우 '학대받는 사람들의 고통에 공감하고 중국 인민들의 분노와 증오를 이끌어내기 위한' 의도로 번역했으며, 『한 남자의 꿈』은 중국 인민들의 고질적인 보수 사상을 개혁하는 데 도움을 주고자 하는 의도를 가지고 번역했다. 이렇듯 노신이 고통 받는 민중과 약소국가의 문학에 주목한 이유는 이들 작품이 자유를 향한 갈망과 몸부림, 저항, 그리고 분노의 정서를 담고 있기 때문이었다. '인간이라면 누구나 자신의 인생을 위해, 더 나은 인생을 위해 살아야 하고, 한 사람, 더 나아가서는 사회 전체를 개조해야 한다'라는 목적의식이 노신의 문학 인생, 나아가 번역 인생의 저변에 늘 깔려 있었던 것이다.

세 번째 시기(1927~1936)

이 시기는 노신의 외국 문학 연구와 작품 번역의 황금기이다. 이때부터 진정한 공산주의자로서의 면모를 드러낸 노신은 중국의 공산 혁명을 위해 철저히 '투쟁적 작품'만을 번역하기 시작했다. 1929년 게오르기 플레하노프Georgii Valentinovich Plekhanov의 유명한 문예 이론서인 『예술론藝術論』을 번역한 데 이어 1930년에는 페데프A. Faddeev의 『파멸毁滅』을 번역했다. 또한 조청화曹靖華가 번역한 알렉산드르 세라피모비치Aleksandr Serafimovich의 『철의 흐름鐵流』의 출판을 위한 자금 지원을 했으며, 1935년에는 마지막 번역 작품인 니콜라이 고골리Nikolai Vasilievich Gogol의 『죽은 혼死靈魂』을 완성했다.

출간한 책들 가운데 번역 작품이 절반을 차지할 만큼 노신은 성실하고 진지한 태도로 번역에 임했다. 『죽은 혼』을 번역할 때는 "고골리의 작품은 번역하기가 매우 까다롭다. 한 장章을 번역하고 나면 한바탕 몸살을 앓고 난 기분이다"라고 종종 번역의 어려움을 토로하곤 했다. 그러나 그는 시종일관 포기하지 않고 번역을 완성했다. 노신의 이러한 끈기와 근성에 대해 일본 유학 당시 함께 공부했던 허수상許壽裳은 「나의 친구 노신을 기리며亡友魯迅印象記」에서 다음과 같이 말했다. "고골리의 『죽은 혼』을 번역하기 위해 노신은 혼신의 힘을 다했다. 와병 중인 노신을 찾아갔을 때 그는 『죽은 혼』의 번역에 대해 이야기하면서 '이 책 때문에 정말 힘들군. 완전히 기진맥진일세. 작품 구상을 할 필요가 없으니 창작에 비하면 번역은 쉬운 일이라고 늘 생각했는데 이렇게 힘들 줄이야 누가 상상이나 했겠는가?'라고 했다." 노신은 1916년 5월 15일에야 드디어 『죽은 혼』의 번역을 끝낼 수 있었다. 그의 아내 허광평許廣平은 "남편은 문학 번역을 시작한 후부터 눈을 감을 때까지 단 한 번도 나태한 자세로 번역에 임한 적이 없었다. 번역에 일생을 바쳤다고 해도 과언이 아니다"라고 말했다.

4. 중국 번역학 이론의 아버지: 노신의 번역 이론

노신의 번역 이론은 과거 불경 번역, 청 말 사회과학 서적과 문학 작품의 번역에 대한 비판적 견해로부터 발전하기 시작했다. 번역 이론가로서 노신은 관련 이론과 번역관에 대한 글들을 통해 독창적인 주장을 펼쳤다. 또한 그는 당시 번역계에 만연해 있던 그릇된 경향에 맞서 끝없는 투쟁을 벌이면서 자신만의 번역관을 수립했다.

번역의 기준과 역할

노신은 번역의 기준으로 '이해의 용이성[易解]'과 '표현의 이국적 다양성[豊姿]'을 주장했으며, 번역의 역할로는 '정서의 전이[移情]'와 '지식의 전달[益智]'을 들고 있다. 노신은 『차개정잡문이집且介亭雜文二集』[6]에서 다음과 같이 언급하고 있다.

> 번역에 착수하기 전에 무엇보다 선행되어야 할 것은 자국화 전략을 취할지, 이국화 전략을 취할지 결정하는 일이다. 일본어 번역가 우에다 스스무上田進는 자국화 번역을 추구했다. 그는 이해가 쉬울수록 그 작품의 파급력이 커지므로 풍자 소설을 번역할 때 가장 중요한 사항으로 이해의 용이성을 꼽고 있다. 그래서 그는 때때로 독자들이 쉽게 이해할 수 있도록 짧은 문장을 길게 늘이기도 했다. 그러나 내 생각은 좀 다르다. 그도 그럴 것이 이해의 용이성만을 추구한다면 차라리 창작을 하거나 개작을 하는 편이 낫기 때문이다. 외국에서 일어난 일을 중국에서 일어난 일처럼 각색하고 인물도 중국인으로 바꾸는 것을 과연 번역이라고 부를 수 있을까? 번역의 목적에는 외국의 문물을 소개하는 것도 있다. 따라서 번역이란 마땅히 이국의 정서를 옮기고 무언가 배울 점을 남겨야 하는 것이다. 최소한 작품 속의 사건이 언제 어디서 일어난 일인지 정도는 사실 그대로 전달할 수 있어야 하지 않겠는가? 외국 여행에서 여러 가지 경험을 하게 되듯 번역에도 이국적 정서가 녹아 있어야 하는 것이다. 게다가

---

6 '차개정且介亭'에서 '차개且介'는 제국주의 열강의 지배지를 의미하는 '조계지租界'의 한자를 반으로 나누어 붙인 이름으로, 당시 중국의 처지가 반식민지와 같음을 한탄하는 그의 심정이 잘 드러난다.

어떤 번역도 완벽한 자국화를 이룰 수는 없다. 번역이란 모름지기 이해의 용이성과 표현의 이국적 다양성이라는 두 가지 측면을 모두 만족시켜야 한다. 물론 이 두 가지 상충되는 요소로 인해 독자들은 어색함을 느끼게 되기도 한다. 그러나 번역 작품이 이국적이고 어색한 것은 어찌 보면 당연한 일이다. 이런 어색함이 거슬리는 것은 사실이다. 그러나 거슬린다는 이유로 코를 베고 눈을 도려낼 수는 없는 노릇이 아닌가? 나는 옷을 갈아입히는 정도의 번역을 하기 때문에 가끔은 부분적으로 어색한 표현이 보이기도 한다.

노신은 오랜 번역 실무를 통해 '이해의 용이성', '표현의 이국적 다양성', 그리고 '정서의 전이'와 '지식의 전달'이라는 자신만의 번역관을 확립했던 것이다. 이 네 가지 번역관이 가진 이론적 가치는 과연 무엇일까?

먼저 노신의 '이해의 용이성'과 '표현의 이국적 다양성'이라는 기준은 엄복의 '신, 달, 아'에 비해 그 적용 범위가 훨씬 넓다. 한마디로 '신, 달, 아'의 내용을 모두 포함하면서도 더욱 풍부하고 깊은 함의를 가지고 있는 것이다.

'신, 달, 아'는 내용, 전달성, 스타일에 관한 번역 기준이다. 내용과 형식을 분리할 수 없듯이 이 세 가지 기준은 원래 따로 떼어놓고 다룰 수 없다. 노신의 '이해의 용이성'과 '표현의 이국적 다양성'은 내용적으로 충실하면서 막힘없이 읽히는 번역을 추구한다. 그러나 노신의 '충실성'이 엄복의 '신'과 완전히 일치하지는 않는다. 오히려 그 포괄 범위는 훨씬 넓어서 내용과 형식의 완전한 충실성을 의미하며 더 나아가 '달'과 '아'의 함의까지도 내포하고 있다. 다시 말해 원작의 내용과 형식 모두에 충실해야 한다는 취지이며 원작을 구성하는 모든 요소(언어, 메타 언어,

예술성)에 충실해야 한다는 의미이다. 이것이 바로 노신이 주장하는 문학 번역이 갖추어야 할 기준, '이해의 용이성'과 '표현의 이국적 다양성'인 것이다. 그런 의미에서 구추백이 "번역이란 태생적으로 원전에 의거해 이루어지기 때문에 번역가는 원문을 마음대로 변화시킬 수 없다"라고 언급한 것도 노신의 주장과 일맥상통하는 면이 있다.

'이해의 용이성'과 '표현의 이국적 다양성'이라는 두 가지 기준은 번역계에서 오랫동안 논의되어온 '자국화'와 '이국화'라는 이분법적 논쟁에 해법을 제시했다. 앞서 '코를 베고 눈을 도려낼 수는 없다'라고 한 말에서도 알 수 있듯이 노신은 번역가는 언어적인 표현에 약간의 변화를 줄 수는 있으나 외국 작품이 지닌 내면의 이국성은 보존해야 한다고 주장하고 있다. 바꾸어 말하면 원작의 이국성을 전달하기 위해서 언어적 표현을 완전히 자국화해서는 안 된다는 의미이다. 그는 또 "사실 완전한 자국화 번역이란 존재하지 않는다. 설사 있다고 해도 그것은 진정한 의미의 '자국화'라기보다는 본질에서 유리된 채 외양만 같게 꾸며놓은 것으로 그런 것을 '번역'이라고 부를 수는 없다"라고 덧붙이고 있다.

'자국화 번역'이라고 하면 1940년대 부동화傅東華가 번역한 『바람과 함께 사라지다飄』를 떠올릴 수 있을 것이다. 부동화는 이 작품의 역자 서문에서 다음과 같이 밝히고 있다. "독자들의 고충을 덜어주기 위해 이 책에 등장하는 인명과 지명은 모두 중국화했다. 그리고 일상적이고 유머러스한 대화들 역시 중국어에 가깝게 하여 최대한 중국 독자들이 편안하게 느끼도록 했다. 또한 줄거리와 크게 상관이 없는 장황한 배경 묘사나 심리 묘사는 독자들이 지루해할 것을 우려해 과감히 삭제했다." 부동화의 말대로라면 그의 번역은 바로 노신이 말한 '코를 베고 눈을 도려낸' 것으로 진정한 의미의 번역이라고 할 수 없을 것이다.

직역 속의 의역, 충실성 속의 유려함[7]

노신은 '문체의 유려함도 중요하지만 유려하기만 할 뿐 충실하지 않은 번역'에는 반대했다. 그는 구추백과 주고받은 「번역에 관한 편지關於飜譯的通信」에서 다음과 같이 주장했다.

'유려함을 희생하는 한이 있더라도 충실한 번역을 해야 한다'라는 나의 신념에는 흔들림이 없네. 그러나 '유려하지 못하다'라는 말이 결코 '무릎을 꿇다'를 '무릎을 아래로 하여 앉다'로 번역한다거나, '은하수'를 '우유길'이라고 번역하는 수준의 터무니없는 어색함을 의미하는 것은 아니라네. 내가 말한 '유려하지 못하다'라는 뜻은 물을 마시듯이 술술 넘어가는 것은 아닐지라도 몇 번 씹고 나면 삼킬 수 있는 정도는 된다는 뜻일세. 이렇게 반문하는 사람도 있을 테지. "완전히 중국화시켜서 독자들이 편하게 읽도록 만들면 왜 안 된다는 말입니까?" 이에 대한 나의 대답은 다음과 같다네. "우리는 이것이 번역임을 잊어서는 안 되며 번역 작품에는 새로운 내용, 새로운 표현이 가미되어야 한다." 사실 중국어는 정밀함과는 거리가 먼 언어라고 할 수 있지…… 문법적 정밀성이 부족하다는 것은 사고의 논리적 흐름이 정밀하지 못하다는 뜻이네. 한마디로 생각이 어딘가 흐리멍텅하다는 말이지…… 몸에 좋은 약이 입에 쓰듯이 이러한 흐릿한 사고방식을 완전히 뜯어 고치려면 지속적으로 쓴 약을 처방해야 하네. 다시 말해 사람들이 계속 생소한 표현을 접하도록 해야 한다는 말일세. 예스럽고 낯선 것, 그리고 우리 것이 아닌 외국의 것을 계속 접해

---

7 노신은 "직역을 주로 하되 의역으로 보완한다以直譯爲主, 以意譯爲輔", "충실성을 주로 하되 유려함으로 보완한다以信爲主, 以順爲輔"의 두 가지 번역사상을 제시했다.

내 것으로 만들어야 한다는 말이지. 이 말이 터무니없이 들릴지 모르나 가까운 일본에서 그런 예를 찾아볼 수 있다네. 현재 일본어에는 유럽화된 문법이 자연스럽게 받아들여지고 있는데 현재의 일본어는 출판된 지 그리 오래되지 않은 양계초의 『일본어 독해법和文漢讀法』과도 상당한 차이가 날 정도로 과거와는 많이 달라져 있지. 언어의 변화는 중국어도 예외가 아니어서 지난번 편지에서 언급한 '파업'이라는 단어가 그 좋은 예가 될 것 같군. 1925년에는 '파업'이 무슨 뜻인지 아무도 몰랐으나 지금은 모르는 사람이 없을 정도가 아닌가.

이렇듯 '유려함을 희생하는 한이 있더라도 충실한 번역을 해야 한다'라는 노신의 주장에서 '유려함을 희생한다'라는 것은 번역을 할 때 '새로운 내용, 새로운 표현이 가미되면서' 나타나는 어색함을 말한다. 그는 또 "처음에는 어색했으나 갈수록 자연스럽게 받아들여지는 부분도 있을 것이며 반면 끝까지 받아들여지지 못하고 결국 사라지고 마는 표현도 생기게 마련이다. 여기서 가장 중요한 것은 우리 자신의 판단이다"라고 덧붙였다. 이 책에서는 노신이 '경역硬譯(딱딱한 번역)'과 '사역死譯(죽은 번역)'에 대해 어떤 태도를 취했는지에 관해 더 이상 구체적으로 언급하지 않겠다.

당나라 때에는 불경의 번역에 힘쓰고 원나라 때에는 칙서의 번역에 힘썼듯이 각 시대에 따라 필요하고 중요시되는 번역이 있게 마련이다. 노신의 번역은 '정수精髓를 취하고 그 찌꺼기는 버리는 것'을 원칙으로 했다. 즉, 적극적으로 외부의 것을 받아들여 이를 완전히 자기의 것으로 만들어야 하는데 그 과정에서 쓸 만한 것은 받아들이되 불필요한 것은 과감히 버릴 줄 알아야 한다는 것이다. 새로운 문법을 사용해 구문을 만들면 처음에는 어색하게 느껴질 수 있으나 일단 받아들여지면 자기 것이 되는 것과 마찬가지로 '경역'이란 처음 접했기 때문에 어색하고 거칠게 느껴지는 번역이다. 이러한 과정에서 가치가 있는 정수는 받아들여지고 마지막까지도 받아들여지지 않는 것들은 찌꺼기로 사라지는 과정을 거치게 된다.

한편 그는 '충실성 속의 유려함', '새로운 표현법의 도입'을 주장했는데 이것이 바로 노신의 '직역'이 추구하는 바이다.

> 늘 그랬듯이 이 책의 번역에서도 나는 '직역'을 고수했다. 원문의 뉘앙스를 최대한 보전하기 위해 어구의 앞뒤 순서도 도치시키지 않고 원문 그대로 유지했다. (『상아탑을 나서며出了象牙之塔』 역자 후기)

노신이 '직역'을 주장했다고 해서 '의역'을 반대한 것은 결코 아니었다. 그는 직역과 의역을 상충되는 것이 아니라 상호 보완적인 개념으로 보고 '직역을 주로 하되 의역으로 보완한다以直譯爲主, 以意譯爲輔'라는 원칙을 고수했다. 다시 말해 그에게 있어서 의역은 적군이 아니라 아군이며 훌륭한 번역을 위한 보조 수단이었다. 뿐만 아니라 실제로 번역을 할 때에도 노신은 이 둘을 상당히 이상적으로 결합해 사용했다.

> 외국어를 공부하는 사람이라면…… 누구나 일단 동화 번역부터 시도해볼 것이다. 그러나 원문에 얽매여 어색하다고 느끼면서도 감히 의역을 하지 못하는 탓에 독자들은 동화를 읽는 데 애를 먹는 경우가 많다. 이 작품의 기존 번역본도 상당히 문제가 많았다. 그래서 나는 본격적인 교정을 하기 전에 번역본을 완전히 고쳐 써서 막힘없이 읽히도록 했다. (『어린 피터小彼得』[8] 서문)

중역과 재번역에 관한 견해

노신은 문학 번역의 활성화와 중국 문학의 건전한 발전을 도모하기 위해 당시 팽배했던 잘못된 번역 풍토를 하루빨리 바로잡아야 한다고 생각했다. 그 일환으로 '중역重譯'과 '재번역'이 안고 있던 문제에 대해 자신의 견해를 피력하곤 했다.

> 중국인이 많이 배우는 외국어라고 해봐야 고작 영어 아니면 일본어가 전부이다. 그런 마당에 '중역'이 이루어지지 않는다면 우리는 영어권과 일본어권 작품밖에 보지 못할 것이다. 노르웨이 작가 입센이나 스페인의 이바니에스의 작품은 고사하고 안데르센의 동화도, 세르반테스의 『돈키호테』와 같은 역작도 만나지 못했을 것이다. 이 얼마나 끔찍한 일이란 말인가? 물론 중국에 덴마크어나 노르웨이어, 스페인어를 잘하는 사람이 없지는 않을 것이다. 그러나 아직까지 이들이 번역에 나서지 않고 있는 까닭에 우리는 영어로부터 중역된 작품을 볼 수밖에 없다. 러시아어 작품도 대부분 영어나 프랑스어에서 중역되고 있는 것이 현실이다. (「중역에 관하여論重譯」)

'중역'이란 원작의 언어가 아닌 제3의 언어를 매개로 이루어지는 번역을 말한다. 따라서 매개가 되는 언어가 영어든 프랑스어든, 일본어든 아니면 다른 어떤 언어든 간에 여러 단계를 거치면서 선천적으로 치명

---

8 『어린 피터小彼得』는 원래 독일어로 쓰여진 작품으로 하야시 후사오林房雄가 번역한 일본어판을 중역한 책이며 번역자는 허광평이다. 일본어판 『어린 피터』는 원래 노신이 일본어 교육용으로 허광평에게 준 것이었다.

적인 결함을 갖게 된다. 이에 대해 노신은 "중역은 중간에 한 번의 번역 과정이 더 개입되기 때문에 내용도 풍격도 원문과 완전히 일치될 수 없는 결함을 가지고 있다"[9]라고 그 한계를 인정하고 있다. 외국 작품의 경우 원래부터 원작과 독자 사이에 번역이라는 벽이 가로막혀 있는데 중역까지 하게 되면 그 사이에 또 하나의 벽이 놓이게 되니 독자는 이중의 벽에 가로막히게 되는 것이다.

따라서 노신은 '중역'의 존재 자체는 인정하지만 하루빨리 덴마크어나 노르웨이어, 스페인어에 능통한 인재가 번역에 나서서 중역을 거치지 않고 바로 번역되기를 희망했다. 이야말로 진정으로 원저자와 독자를 존중하는 길이라고 여겼던 것이다.

다음으로 재번역에 관한 노신의 견해를 살펴보자.

> …… 엉터리 번역을 뿌리 뽑는다는 취지도 물론 있지만 설사 양질의 번역본이 있다고 해도 재번역은 반드시 필요하다. 문어체로 쓴 것을 구어체로 재번역하는 것은 물론이고 원래 구어체로 번역한 것이라고 해도 재번역을 통해 더 좋은 번역이 이루어질 수 있기 때문이다. 따라서 재번역을 할 만한 가치가 있다면 호사가들이야 뭐라고 하든지 상관하지 말고 과감하게 도전해보는 것이 좋다. 기존의 번역본을 참고해 보완하면 한층 완성도 높은 번역본이 탄생할 것이다. 물론 언어란 시대의 흐름에 따라 변화하기 마련이므로 계속 재번역본이 나오는 것은 당연한 일이다. 외국에서는 10여 차례 재번역되는 일도 있으나 중국에서는 아직까지 그 정도로 많이 재번역된 예는 없었다. (「재번역의 필수불가결성非有復譯不可」)

---

9 허광평, 『노신과 번역魯迅與翻譯』.

직접 번역이건 간접 번역이건 더 이상의 번역이 필요 없는 완벽한 번역이 과연 존재할 수 있을까? 이 문제에 대해서 유명한 프랑스어 번역가인 목목천穆木天(1900~1971)은 번역가들에게 '더 이상의 번역이 필요 없는 완벽한 번역본'을 만들기 위해 최선을 다해야 한다고 당부했다. 목목천의 이 같은 당부에 대해 노신은 "비유컨대 지금 아쉽다고 해서 보잘 것 없는 가시나무를 심느니 실력 있는 정원사가 와서 영원히 감상할 수 있는 월계수를 심을 때까지 땅을 놀려두는 것이 차라리 낫다. 물론 '더 이상의 번역이 필요 없는 완벽한 번역본'이 전혀 없는 것은 아니다. 그러나 문제는 중국어가 시간의 흐름에 따라 자꾸만 변한다는 사실이다"라고 말하면서 한마디로 세상에는 '완벽에 가까운 번역본'이 존재할 뿐 '완벽한 번역본'이란 존재하지 않는다고 강조하고 있다. 번역가들이 종종 이야기하는 "불후의 명작은 존재하나 불후의 번역은 존재하지 않는다"라는 말도 같은 맥락이라고 할 수 있을 것이다.

노신은 재번역에 대해 매우 관대했다. 그는 '기존의 번역본을 참고'하는 것도 가능하며 앞 세대 번역가의 훌륭한 번역본을 공부하거나 심지어 모방해도 좋다고 했다. 그러나 이때 스스로 '보완하려는' 노력, 즉 재창조의 노력을 통해 더욱 월등한 작품을 만들어내야 한다고 강조했다. 언어의 변화에 부응하기 위해 진행되는 재번역이건 동시대의 같은 작품에 대해 다른 해석을 부여하기 위한 재번역이건 위의 원칙만은 꼭 지켜져야 한다. 그는 또한 "한 작품이 10여 차례 재번역되는 일도 있다"라고 하면서 이렇게 여러 차례 번역이 이루어지는 것은 모두 '완성도 높은 번역본'을 만들기 위함이라고 했다.

번역 비평: '썩은 사과 도려내기'

번역 비평이 문예 비평의 일부인 만큼 노신은 번역 비평에도 적극적이었다. 그는 당시 비평계의 일부 불건전한 경향과 번역계의 문제점에 대해 신중하면서도 날카로운 지적을 했다. 노신은 늘 번역계가 '정확한 비평'을 해야 한다고 강조했다. "형편없는 번역은 번역가의 책임이 가장 크다. 그러나 독자나 출판사, 특히 비평가 집단들 역시 책임에서 완전히 자유로울 수는 없다. 엉터리 번역을 뿌리 뽑기 위해서는 정확한 비평이 선행되어야 한다. 틀린 점을 지적하는 것은 물론 칭찬에도 인색해서는 안 된다. 아주 훌륭한 부분이 없다면 비교적 좋은 부분이라도, 그마저도 찾을 수 없다면 독자들에게 조금이라도 도움이 될 만한 것이 무엇인지 언급해주어야 한다."

노신은 번역 비평에 대해 '썩은 사과 도려내기'라는 표현을 자주 사용했는데 이에 대한 그의 언급을 살펴보도록 하자.

> 과거의 번역 비평은 말하자면 '사과가 조금만 썩어도 그 사과를 통째로 버리는' 식이었다. 하지만 가뜩이나 주머니도 가벼운데 이런 식으로 낭비를 일삼다가는 가난뱅이가 되는 것은 시간문제일 것이다. 그러니 사과에 깨끗한 부분이 남아 있으면 버리지 말고 먹어야 한다. 번역 비평도 마찬가지이다. 이런 방식으로 번역 비평에 임하면 독자가 입을 수도 있는 손해를 조금이나마 줄일 수 있을 것이다.
>
> 유감스럽게도 썩은 부위만 도려내고 먹는 식의 번역 비평이 중국에는 그렇게 많지가 않다. 『자유담自由談』에 수록된 『20세기 유럽 문학二十世紀之歐洲文學』에 대한 비평도, 추도분鄒韜奮이 번역한 『고리키 단편高尒基

短文』에 대한 비평도 오역 잡기나 결점 지적에 급급해 있다. 『20세기 유럽 문학』은 내가 직접 읽지 않았기 때문에 잘 모르겠지만 『고리키 단편』의 경우에는 비평가가 지적한 문제점이 분명 있기는 했지만 용감한 투쟁 정신이나 간식의 비열한 유모 같은 내용은 젊은 작가들에게 시사하는 바가 크다고 생각한다. 그럼에도 불구하고 썩은 부분이 조금 있다고 통째로 쓰레기통에 버리는 식의 비평이 이루어졌던 것이다.

비평이 쉽지 않다는 것은 잘 알고 있지만 비평가들이 조금만 더 신경을 써서 사과의 깨끗한 부분을 찾아주었으면 하는 바람이다. 힘들다는 것은 안다. 그러나 모두에게 유익한 일임에는 틀림없지 않은가? (「번역에 관하여(하)關於飜譯(下)」)

이 대목에서 번역에 대한 노신의 따뜻한 애정과 관심이 엿보인다. 그는 비평가들이 좀 더 공정하고 관대한 태도로 비평에 임해주기를 당부하고 있다. 이와 같은 그의 태도는 중국의 신문예 비평이 확립되는 기초가 되었으며, 5·4신문학운동 시기 혼란스러웠던 문예 비평과 번역 비평에 명확한 기준을 제시하고 안정을 되찾는 데 일조했다.

"번역은 창작이다"

중국 문학계에서는 번역의 가치를 평가절하하는 관행이 오랫동안 이어져 왔다. 노신이 활약하던 시대에도 이 같은 상황은 별로 나아진 바가 없어서 번역을 '매파媒婆'에, 창작은 '처녀'에 비유하며 "오늘날 같이 남녀의 교제가 자유로운 시대에 누가 매파를 쓰고 싶어하겠는가?" 따위의 말들을 하곤 했다. 이와 같은 인식에 당당히 반기를 들고 최초로 "번역도 창작만큼의 무게를 가진다"라고 주장하고 나선 이가 바로 노신이었다.

> 번역과 창작은 서로를 밟고 올라서는 관계가 되어서는 안 된다. 창작만을 중시해 번역을 경시해서는 안 될 것이다. 사실 번역 활동을 독려하는 것이야말로 창작에 활기를 불어넣는 지름길이다.

진정으로 번역을 아는 사람이라면 그것이 얼마나 지난한 과정인지를 잘 알고 있다. 번역에 무지한 자들은 그 과정과 성과를 무시한다. 이에 대해 노신은 『'제목 미정' 초고 "題未定"草』에서 다음과 같이 말했다.

> 작품을 처음부터 구상할 필요가 없다는 점에서 나는 번역이 창작보다 쉬운 작업이라고 생각했다. 그러나 제대로 된 번역을 하려면 끊임없이 어려움에 직면하게 된다. 예를 들어 어떤 단어가 있는데 도저히 어떻게 표현해야 좋을지 모를 경우가 있다. 이때 창작이라면 그 단어를 쓰지 않으면 그만이다. 그러나 번역은 그럴 수가 없다. 별다른 고민 없이 이루어지는 창작도 있다. 그러나 번역은 그렇지 않다. 발전 단계에 접어든 신문학을 위해서도 가치 없는 창작보다는 차라리 훌륭한 번역이 더욱 유익할 것이다.

번역과 창작을 똑같이 중요시하는 노신의 이 같은 신념은 중국의 혁명 문학의 발전을 이끌었으며 번역의 활성화에도 일익을 담당했다. 번역과 창작을 동등하게 생각하는 전통은 노신의 시대를 거쳐 어느 정도 자리 잡으면서 그 이후 꾸준히 강화되어왔다.

노신은 위대한 문호이자 번역가였다. 그는 더 나은 중국을 위해, 진정한 인민 해방을 위해 없어서는 안 될 중요한 요소로 문학과 번역을 이야기했다. 그에게 문학과 번역은 국민정신을 일깨우고 진리를 추구하며 구국의 실을 찾는 데 있어 매우 중요한 부분이었다. 이러한 노력이 있었기에 노신은 중국 번역학계에서 가장 위대한 이론가이자 실천하는 지성으로 추앙받고 있는 것이다.

체험에 기반을 둔 창조적 번역가 곽말약

중국의 시인이자, 극작가, 사학자, 고문학자 겸 뛰어난 번역가인 곽말약郭沫若(Guo Moruo, 1892~1978)은 노신과 더불어 중국 현대 사상계와 문화계의 선구자이자 신문학의 거장이다. 반세기에 이르는 세월 동안 곽말약의 사상, 창작 및 번역은 많은 발전과 변화를 거쳤다. 그는 문학, 예술, 철학, 역사학, 고고학, 갑골학 등 인문사회과학 연구와 마르크스주의 이론 연구, 그리고 외국 문학 번역 등 여러 분야에서 큰 공헌을 했으며 일생 동안 2천만 자가 넘는 저서와 역서를 남겼다.

곽말약은 명실상부한 20세기 중국 문화와 세계 문화의 거장이자 시대의 명인으로, 그의 삶은 그야말로 다면체의 '진리의 다이아몬드'와 같아서 보는 방향에 따라 색다른 모습과 색채를 드러낸다. 여기에서는 번역가로서 곽말약의 일면을 살펴보고자 한다.

1. 곽말약의 번역 생애

중국 전통 사상과 문화의 영향

곽말약의 아명은 문표文豹이고, 본명은 개정開貞, 호는 상무尙武, 필명은 말약沫若(일본 유학 후 고향의 강 이름인 말수沫水와 약수若水에서 첫 글자를 따서 지음), 역감인易坎人, 맥극앙麥克昂, 정당鼎堂 등이다.

곽말약은 사천성四川省 가정부嘉定府(현재의 낙산樂山) 사만진沙灣鎭에서 태어났다. 대도하大渡河(말수沫水의 다른 이름)의 서쪽, 아미산峨眉山(수산綏山의 다른 이름)의 동쪽에 위치한 사만진은 산과 강을 끼고 있어 경치가 아름답고 우수한 인재가 많이 배출된 곳으로도 유명하다. 그는 이처럼 아름다운 자연 속에서 시적 감수성을 키우며 평온하고 한가로운 어린 시절을 보냈다.

곽말약은 학문적 분위기가 강한 집안에서 태어났다. 1869년 큰아버지 곽조한郭朝翰이 수재秀才에 급제했으며, 1910년 맏형 곽개문郭開文이 법과 거인擧人에 급제했다. 이러한 환경에서 자란 곽말약은 어려서부터 유가 경전에 심취했으며 전통 문화의 영향을 많이 받았다. 특히 그는 관료 집안 출신인 어머니로부터 큰 영향을 받았다. 네 살 때부터 어머니와 함께 당시唐詩를 암송했으며 이로 인해 어릴 적부터 시가를 비롯해 문학에 관심을 갖게 되었다. 곽말약 스스로도 자신에게 시를 가르쳐준 첫 스승이었던 어머니에 대해 "내가 시가와 문예에 관심을 갖게 된 것은 어머니의 영향이 결정적이었다"라고 회고한 바 있다.

곽말약은 여덟 살 때부터 사숙 선생님 심환장沈煥章으로부터 『사서四書』, 『오경五經』, 『당시삼백수唐詩三百首』를 배웠고, 아홉 살 때는 이백李

白과 유종원柳宗元의 시를 즐겨 읽었다. 낙산고등소학樂山高等小學에 다니던 열세 살 때에 금문今文과 경학經學에 흥미가 생겼으며, 『사기史記』에 수록된 「항우본기項羽本紀」, 「백이열전伯夷列傳」, 「굴원가생열전屈原賈生列傳」, 「신릉군열전信陵君列傳」, 「자객열전刺客列傳」 등의 글을 즐겨 읽었다. 이 가운데 굴원屈原의 애국주의 정신은 그의 일생에 막대한 영향을 주었으며, 「백이열전」은 그가 고증학 연구에 관심을 가지는 계기가 되었다. 가정부중학嘉定府中學에 진학한 후 '신학新學'을 접하기 시작한 곽말약은 양계초, 장태염章太炎 등이 지은 계몽 서적 및 양계초가 번역한 『이태리 건국 삼걸전意大利建國三傑傳』, 『경국미담經國美談』 등 애국주의와 영웅주의를 찬미하는 작품들을 열독했을 뿐 아니라 임서 번역 소설의 애독자이기도 했다. 이는 훗날 그가 문학 번역을 하는 데 결정적인 영향을 끼쳤다. 임서가 번역한 『음변연어吟邊燕語』(『셰익스피어 희곡 고사집』)는 여느 셰익스피어 희곡 원서들보다 그에게 많은 영감과 감흥을 주었다. 곽말약은 "방과 후에 『장자莊子』, 『초사楚辭』, 『문선文選』, 『사기』와 엄복이 번역한 『천연론』, 『군학이언』을 즐겨 읽었다(『나의 어린 시절我的童年』)"라고 청년 시절을 회고했다.

학창 시절 곽말약은 중국 전통 사상과 문화의 영향을 많이 받았다. 그는 노자, 장자 및 공자의 사상 등 동양 철학에서 사상적 자원을 흡수했으며 이는 훗날 그가 문학 창작과 번역 작업을 성공적으로 수행하는 데 내적 버팀목으로 작용했다.

곽말약은 1914년 만형 곽개문의 도움으로 '보국제민報國濟民'[1]의 큰 뜻을 품고 일본 유학길에 올랐다. 그는 일본에 유학하게 된 동기를 다음

1 나라에 보답하고 백성을 구한다.

과 같이 회고한다. "나는 어려서부터 책을 통해 부국강병을 이룬 나라들을 접하면서 애국을 깨달았고, 하루빨리 재능을 키워 나라에 보답하겠다고 결심했다. 이러한 뜻을 이루기 위해 1914년 사천을 떠나 일본 유학길에 올랐으며 그곳에서 10년간 의학을 공부했다"(『곽말약선집郭沫若選集』 자서自序). 바로 이때를 기점으로 '곽말약 일생일대의 가장 치열한 시기'가 펼쳐진다.

동서양 문화 소양

곽말약이 태어난 시대는 신·구세기의 교체기이자 중국 사회에 큰 변혁이 일어난 역사적 전환기였다. 그 무렵 중국 대륙에서는 동서양 문화가 교차하는 가운데 걸출한 위인들이 많이 탄생했다. 곽말약이 철학, 문학, 번역 등의 분야에서 일궈낸 성과들도 모두 서양 문화 및 철학과 밀접한 관련이 있다. 그는 일본이라는 루트를 통해 고대 그리스에서 르네상스, 근현대 서양 문화에 이르는, 유럽과 미국의 사상사 및 문화사를 접하고 흡수했다. 곽말약에게 있어 일본은 동서양의 문화를 이어주는 다리이자 중개지였다. 일본 유학 시절 그는 찬란한 문학 창작과 번역 성과를 일궈냈다.

일본 생활의 전반부 10년은 도쿄 제1고등학교 예과에서 수학한 도쿄 시기(1914~1915), 오카야마岡山 제6고등학교에서 수학한 오카야마 시기(1915~1918), 규슈제국대학九州帝國大學 의학부에 입학해 졸업하기까지의 후쿠오카福岡 시기(1918~1923), 세 단계로 나눌 수 있다.

후반부 10년(1928~1937)은 곽말약의 일본 망명을 기점으로 시작되는데, 이 시기에 그는 학술 연구와 외국 문학 번역에 매진했다. 주은래周恩來

총리는 이 무렵 곽말약이 일궈낸 성과를 매우 높이 평가했다. "학자와 혁명가를 겸하기 어렵다는 기존의 통설은 중국에서 이미 시대착오적인 말이 되었다. 곽말약 선생은 바로 그 두 가지 역할을 완벽히 소화해낸 인물이다. 그는 혁명 고조기에는 직접 혁명 대열의 선봉에 섰고, 혁명 퇴조기에는 연구와 자기계발에 매진함으로써 새로운 방식으로 혁명에 공헌했다. 타국 생활 10년 동안 그가 낸 방대한 번역서의 규모가 이 점을 충분히 증명한다"(주은래, 「내가 하려는 말我要說的話」).

곽말약은 일본 유학 시절 서구를 비롯한 여러 나라의 작가, 예술가, 철학가, 학자로부터 큰 영향을 받았다. 대표적인 인물로는 임마누엘 칸트, 아르투르 쇼펜하우어, 프리드리히 니체 등 독일 철학자와 미학자, 요한 괴테, 프리드리히 실러, 하인리히 하이네, 데오도르 슈토름, 게르하르트 하우프트만 등 독일 작가, 그리고 영국의 윌리엄 셰익스피어, 존 밀턴, 토머스 그레이, 월터 스콧, 조지 바이런, 퍼시 셸리, 토머스 칼라일, 존 골즈워디, 허버트 웰스, 미국의 월트 휘트먼, 헨리 롱펠로, 업턴 싱클레어, 프랑스의 귀스타브 플로베르, 스탕달, 에밀 졸라, 기 드 모파상, 폴마리 베를렌, 샤를 보들레르, 오귀스트 로댕, 장 프랑수아 밀레 등이 있다. 또한 러시아의 레프 톨스토이, 이반 투르게네프, 표도르 도스토옙스키, 인도의 라빈드라나드 타고르, 칼리다사, 오스트리아의 지그문트 프로이트, 노르웨이의 극작가 헨리크 입센, 네덜란드의 철학가 바뤼흐 스피노자, 아일랜드의 존 싱, 그리고 일본의 사이교 쇼닌西行上人, 구리야카와 하쿠손廚川白村, 가와카미 하지메河上肇 등으로부터도 많은 영향을 받았다.

뛰어난 번역 사업의 성과

곽말약은 「'문학유산 수용'에 관하여關於"接受文學遺産"」에서 "무릇 예술과 문화 상품은 나라나 민족의 구분이 없는 것이다…… 세상의 가치 있는 산물은 모두 가급적 빨리 수용해야 한다"라고 주장한 바 있으며, 1954년 전국문학번역실무회의 연설에서는 문학 번역의 중요성을 다시 한 번 날카롭게 지적했다. "문학 번역의 중요성은 누구나 공감하는 사실입니다. 우리는 번역을 통해 전 세계의 문학유산을 수용할 수 있습니다. 세계의 모든 나라와 민족은 저마다 명저를 남긴 유수의 작가군을 보유하고 있으며, 그들의 작품은 전 세계 공동의 문화유산이기도 합니다. 번역 종사자들이 이를 자국의 언어로 번역해야만 더 많은 세계인이 공동의 문화유산을 함께 누릴 수 있습니다." 즉, 정신적 산물은 전 인류 공동의 재산이니만큼 특정 민족이나 국가가 독점해서는 안 된다는 것이다.

문학은 현실 생활의 투영물이다. 따라서 문학 번역은 각국 사람들의 삶과 사고방식을 이해하고, 나아가 자국 작가들의 창작을 촉진하는 데 도움이 된다. 작가는 다른 나라 문학의 번역 작품을 읽음으로써 창작열을 더욱 불태울 수 있을 뿐 아니라 문학에서 삶을 반영하는 다양한 기법들을 배운다. 번역을 통해 자국의 언어를 오히려 더 개선하고 발전시킬 수 있는 것이다.

외국의 우수한 문화유산을 번역해 소개하는 것은 번역가의 중요한 임무이다. 곽말약은 일생 동안 외국의 문학과 과학 서적을 많이 번역했는데, 번역 장르로 보면 크게 네 가지 유형으로 나누어볼 수 있다.

첫째, 외국 문학 작품의 번역이다. 이중 서양 문학 작품으로는 영국 작가 그레이의 『시골 묘지에서 읊은 만가墓畔哀歌』, 셸리의 『셸리 시선雪萊詩選』(1926), 골즈워디의 『투쟁鬥爭』(1926), 『정의法網』(1927), 『은상자銀匣』(1927), 아일랜드 작가 싱의 『존 싱 희곡집約翰·沁孤戲曲集』(1926), 독일 작가 니체의 『차라투스트라는 이렇게 말했다查拉圖司屈拉鈔』(1928), 괴테의 『파우스트浮士德』(1부 1928년, 2부 1947년), 『젊은 베르테르의 슬픔少年維特之煩惱』(1922), 『헤르만과 도로테아赫曼與竇綠台』(1942), 실러의 『발렌슈타인華倫斯太』(1936), 하이네의 『하이네 시선海涅詩選』(1918), 슈토름의 『호반茵夢湖』(1921, 전군서錢君胥와 공역), 하우프트만의 『소아나의 이교도異端』(1926), 미국 작가 싱클레어의 『석탄왕石炭王』(1928), 『정글屠場』(1929), 『오일!煤油』(상·하권, 1930), 러시아 작가 톨스토이의 『전쟁과 평화戰爭與和平』(전3권, 1931~1934), 『신러시아시선新俄詩選』, 투르게네프의 『처녀지新時代』(1925) 등이 있다. 동양 문학 작품으로는 인도 작가 칼리다사의 『가을秋』, 타고르의 『타고르 시선泰戈爾詩選』(1917), 일본 작가들의 『일본단편소설집日本短篇小說集』(아쿠타가와 류노스케芥川龍之介, 시가 나오야志賀直哉, 고바야시 다키지小林多喜二 등 작가 15명의 작품 19편 수록) 등이 있다.

둘째, 정치·경제학 경전의 번역이다. 대표 번역 작품으로는 마르크스의 『경제학비판政治經濟學批判』(1931)과 『예술의 진실藝術的眞實』(1947), 마르크스와 엥겔스의 공저 『독일 이데올로기德意志意識形態』(1931), 일본 경제학자 가와카미 하지메의 『사회조직과 사회혁명社會組織與社會革命』(1925) 등이 있다.

셋째, 미술 고고학 서적의 번역이다. 이 장르의 번역서로는 이다가끼 타카호板垣鷹穗의 『서양미술사개요西洋美術史提要』(1926), 하야시 겐조林謙三의 『수당 대 연악조의 연구隋唐燕樂調硏究』(1936) 등이 대표적이다.

넷째, 과학 계몽서의 번역으로, 허버트 웰스Herbert George Wells와 조지 웰스George Wells 부자 및 줄리안 헉슬리Julian Huxley가 공저한 『생명의 과학生命之科學』, 그리고 허버트 웰스의 『인류의 전망人類展望』 등이 있다.

창작과 번역 스타일

문학 번역과 창작을 병행했던 곽말약의 문체 스타일은 다음 세 단계의 변화 과정을 거쳤다.

첫 번째 단계는 '타고르 식' 시기이다. 1913년 타고르가 노벨상을 수상하자 일본 문단에 거센 '타고르 열풍'이 불었고, 곽말약 역시 낭만주의 색채와 반골 기질이 강한 시인 타고르를 존경했다. 1917년 그는 『타고르 시선』을 번역했으나(타고르의 대표적 영문 시집 『신월新月』, 『원정園丁』 등에서 시를 발췌하여 영중문 대조판으로 엮음) 당시 중국에서는 서양 문학 사조를 수용하는 데 있어 일본에 많이 뒤처져 있었기 때문에 안타깝게도 출판으로 이어지지는 않았다. 이 시기 곽말약의 번역 스타일은 수수하고 간결하다. 타고르를 접한 지 얼마 되지 않아 곽말약은 하이네의 작품을 읽게 되었다. 하이네의 시가 타고르의 시보다 인간미 있고 자연친화적이라고 느낀 그는 1915년에 하이네의 시집 『귀향歸鄕』(*Die Heimkehr*)을 번역했다. 이는 곽말약의 첫 번역서로, 명쾌하고 유창한 백화문을 사용했을 뿐만 아니라 '민족화'의 방식으로 시를 번역했다.

두 번째 단계는 '휘트먼 식' 시기이다. 5·4운동의 절정기와 맞물려 곽말약 스스로에게 '가장 기념할 만한 시기'이기도 하다. 1919년은 휘트먼 탄생 100주년이 되던 해였다. 그 무렵 일본에서는 다양한 기념행사가 개최되면서 대대적인 '휘트먼 붐'이 일었다. 휘트먼의 시풍은 웅장하고 힘차며 호방하고 긍정적인 낭만주의 정신이 가득했다. 이 시기 곽말약은 이처럼 호방한 휘트먼의 시풍에 한창 매료되어 번역 작업을 하기보다는 시 창작욕을 더욱 불태웠다. 이로써 탄생한 〈지구, 나의 어머니여!地球, 我的母親!〉, 〈지구의 가장자리에서 소리치네立在地球邊上放號〉, 〈봉황열반鳳凰涅槃〉, 〈하늘의 개天狗〉, 〈마음의 등불心燈〉 등 '휘트먼 식' 시는 그의 시집 『여신女神』에 실려 있다.

세 번째 단계는 '괴테 식' 시기이다. 1919년 5·4운동이 고조된 가운데 곽말약은 괴테의 『파우스트』(1부)를 번역하기 시작해 1928년 상해에서 출판했다. 1922년에는 괴테의 중편 소설 『젊은 베르테르의 슬픔』을 번역, 출판해 '베르테르 신드롬'을 불러일으켰다. 5·4운동과 괴테의 청년 시기 독일에서 일어난 '슈투름 운트 드랑' 문학운동은 모두 봉건 사회에서 현대 사회로 변모하는 과도기에 일어난 획기적인 역사 사건으로 많은 공통점을 가지고 있다. 곽말약의 사상도 이 5·4운동과 궤를 같이한다. 곽말약은 괴테연구회를 조직해 괴테의 모든 작품을 번역하고 체계적인 연구를 수행했다. 이후 괴테의 영향을 받아 〈당체의 꽃棠棣之花〉, 〈상루湘累〉, 〈여신의 부활女神之再生〉 등 '여신 삼부곡'을 창작했다. 중국에서 곽말약의 지위와 영향력은 독일에서의 괴테와 견줄 만하며, 실제로 주양周揚은 그를 '중국의 괴테'로 칭하기도 했다. 규슈제국대학에 입학한 후 그는 셸리와 셰익스피어, 실러의 작품과 북유럽, 프랑스 및 러시아 문학을 접하며 번역과 창작에 있어 최고의 전성기를 구가했다.

2. 곽말약의 번역 이론과 사상: 창작론

곽말약은 동서양을 관통하는 넓은 시야, 동서고금을 아우르는 학문적 깊이, 다양한 외국어(일본어, 영어, 독일어, 라틴어 등) 능력, 그리고 위대한 번역 성과 면에서 볼 때 현대의 어느 문학가나 번역가와도 비교할 수 없다. 곽말약의 번역사상과 정신은 '창작론創作論'을 통해 엿볼 수 있다.

"번역가는 앵무새가 아니다"

우선 '번역의 동기와 효과론'에 대한 논의부터 시작하고자 한다. 1920년대 중국 신문학운동의 양대 산맥을 형성한 문학연구회文學研究會와 창조사創造社는 번역 문제, 특히 번역의 목적을 둘러싸고 논쟁을 벌였다. 문학연구회는 19세기 러시아 문학, 억압받는 민족의 문학 및 각국의 현실주의 비판 작품은 적극적으로 번역하고 소개했으나, 세계 고전 명작에 대해서는 간략히 개괄을 하는 데 그쳤다. 문학연구회 회원들은 "프로이트 등의 책을 번역하는 것은 현재로서 절박한 일이 아니다. 개인적 연구는 물론 진리 탐구만을 목적으로 할 수 있지만 대중에게 소개하고자 할 때는 긴요함을 따져야 한다"라고 생각했다. 또한 『문학순간文學旬刊』에 실린 「맹목적 번역자盲目的翻譯者」라는 글에서는 서양 고전 명작을 번역하는 것은 "경제적이지 않고", "맹목적인 번역자"가 하는 일이라고 주장했다. 곽말약의 '번역의 동기와 효과론'은 바로 이러한 주장에 대한 반박으로, 「문학의 연구와 소개를 논하다論文學的研究與介紹」라는 글에서 제시되었다. 그는 "개인 연구용 서적과 대중 소개용 서적은 완전히 별개이다"라는 관점을 반박하고, 개인의 연구는 번역에 도움이 되며 번역 작품에도 번역가의 창작 정신이 배어있다고 주장했다. 곽말약의 번역론에서 가장 특징적인 점은 번역의 '창작 정신'을 중시한다는 것이다. 다음으로 그는 번역의 동기와 효과의 관계를 중시했다.

번역가는 그의 번역 작품 속에 있어야 한다. 번역가가 작품에 대한 심도 있는 연구를 통해 작품을 올바르게 이해한 뒤, 주체할 수 없는 열정과 창작 정신을 오롯이 담아 완성한 번역 작품은 번역의 질이 뛰어날 뿐 아니라 독자의 흥미도 이끌어낼 수 있다. 이러한 번역 작품은 시대를 막론하고 절실히 필요하며 모든 독자에게 값질 것이다.

문학의 좋고 나쁨은 창작 시기나 순수성이 아닌 진실성 여부를 기준으로 판가름할 수 있다. 19세기 이후의 문학이 모두 소개할 가치가 있을 만큼 훌륭한 문학이라고 단정할 수는 없다.

번역의 동기와 효과에 대한 곽말약의 관점은 번역계에 큰 영향을 끼쳤다. 번역가는 '앵무새'가 아니다. 그러나 번역 작품에 대해 창작 정신과 열정이 샘솟지 않으면 '앵무새'에 그칠 수밖에 없다. 곽말약은 번역에서 특히 연구의 중요성을 강조하면서, 번역은 연구의 연장선상에 있는 것으로 번역과 연구는 분명한 경계를 나눌 수 없다고 했다. 또한 '창작 열정'에 대해서도 여러 논저에 걸쳐 수차례 강조했는데, 「동해를 건너며跨着東海」라는 글에 다음과 같은 구절이 있다. "평생 나의 온 마음과 온 몸은 그칠 줄 모르고 샘솟는 시흥에 젖어 '화산이 폭발할 듯한 열정'으로 시를 짓고 싶은 충동에 빠져 있었다. 창작뿐만 아니라 번역 또한 이와 같은 마음이었다."

"좋은 번역은 창작과 같다"

한때 곽말약은 번역을 '매파'에, 창작을 '처녀'에 비유하며 번역을 폄하하기도 했지만 시간이 지나면서 '좋은 번역은 창작과 다름없다'라는 입장으로 선회했다. '번역과 창작의 등가론'은 곽말약의 대표적인 번역관이다. 그는 이에 대해 다음과 같이 말했다.

> 번역은 창조적인 작업이다. 좋은 번역은 창작과 같으며 때로는 창작을 능가하기도 한다. 번역은 평범하고 예사로운 작업이 아니며 때로는 창작보다 훨씬 어렵다. 창작은 생활의 체험이 담겨 있어야 하는 반면, 번역은 타인이 체험한 생활을 체험해야 한다. 번역가는 자국의 언어에 정통해야 하는 것은 물론, 외국어도 능숙하게 구사해야 하기 때문에 결코 창작보다 쉽다고 할 수 없다.

문학가이자 번역가인 노신, 모순 등도 모두 이러한 견해를 같이 하는데, 이들은 작가이기 때문에 자연히 창작에 대한 감회가 더욱 크다.

곽말약은 "소련에서는 중국 시를 번역할 때 중국어를 아는 사람이 의미를 먼저 번역한 다음 시를 잘 쓰는 사람이 이를 시답게 윤문한다"라는 소련의 사례를 중국 번역계에 소개했다. 즉, 시의 번역은 크게 두 단계로 나뉘는데, 첫 번째 단계가 '번역'이라면 두 번째 단계는 '창작'이다. 문학가 겸 번역가는 이러한 두 단계의 작업을 홀로 한 번에 완성할 수 있는 사람이다. 곽말약의 번역은 바로 원작의 정신과 예술적 형식을 재창조 과정을 통해 탄생시킨 산물이다. 이러한 창조적 번역을 통해서만 창작의 진정한 맛을 체험할 수 있다.

풍운역風韻譯

곽말약은 반세기에 가까운 기간 동안 문단에서 활약하면서 외국 작품의 번역 활동에도 심혈을 기울였다. 이로써 이문화 간 융합, 이언어 간 전환, 예술적 형식의 재창조를 이루어냈다. 일명 '풍운역'이라고 불리는 번역 방식은 그가 생각하는 가장 이상적인 번역법이다(「괴테 시에 나타난 사상歌德詩中所表現的思想」 해설). 이에 대해 곽말약은 구체적으로 다음과 같이 말한다.

> 이상적인 번역은 원문의 자구와 원문의 의미에 변동이 있어서는 안 되며 특히 원문의 정신을 유지해야 한다. 원문의 자구는 번역문에 반드시 모두 나타나야 하나, 융통성 없이 축자역을 할 필요는 없다. 순서와 어순이 바뀌더라도 의미가 달라지지 않는 범위에서 원문의 정신을 구현하기 위해 자유롭게 옮길 수 있다. (「이상적인 번역에 대한 나의 견해理想的翻譯之我見」)

'자구, 의미, 정신'이 변형되지 않기 위해서는 다음의 선결 조건이 갖춰져야 한다.

"첫째, 번역자는 어학 지식이 풍부해야 한다. 둘째, 원작을 잘 이해해야 한다. 셋째, 작가에 대해 이해해야 한다. 넷째, 모국어를 자유자재로 구사할 수 있어야 한다. 이러한 조건을 모두 갖추기 위해서는 장기간에 걸친 수련이 필요하다. 예를 들어 첫 번째 조건의 경우, 어학뿐만 아니라 언어와 관련된 문화, 풍속 등에 모두 통달해야 한다. 다음으로 두 번째 조건을 갖추기 위해서는 원작과 관련된 여러 지식을 모두 섭렵해야 한다. 또한 세 번째 조건을 갖추기 위해서는 작가의 생활상을 두루 파악해야 한다. 마지막으로 네 번째 조건은 일일이 열거하기 어려울 정도로 다양한 능력을 필요로 한다. 따라서 번역은 매우 어려운 작업이지만 불가능한 일은 아니다. 그렇다고 해서 함부로 번역에 착수하는 것 역시 금물이다. 현재 중국의 번역자들은 한 작가의 작품을 꾸준히 연구해서 번역하기보다는 마구잡이식으로 여러 작가의 작품을 번역하고 있다. 그러나 제 아무리 타고난 번역자라 할지라도 단기간 내에 한 작가에 대해 통달하기란 매우 어려운 일이다."

곽말약은 당시 번역계에 만연했던 오역, 무분별한 번역, 번역을 통한 명성이나 이익 추구 등의 병폐를 지적하고, 번역자의 소양과 윤리 문제를 강조하며 "번역자가 책임감을 가지도록 촉구하는 것이 현재의 급선무"임을 일깨우기도 했다(「주역 운동 및 기타 문제에 대하여討論注譯運動及其他」). 이러한 그의 번역철학은 현재까지도 현실적인 의의를 가진다.

공명설共鳴說

셸리는 곽말약이 존경했던 시인으로, 『셸리 시선』은 곽말약 스스로 가장 만족했던 번역 작품이다. 셸리의 작품에 조예가 깊었던 곽말약은 '셸리의 시는 곧 시인의 생명이요, 시인의 삶 또한 절묘한 한 수의 시' 라고 여겼다. 그는 셸리 시의 번역은 다음과 같이 이루어져야 한다고 말했다.

첫째, 셸리의 '시심詩心'과 '시풍詩風'을 포착해야 하며 마음속에서 시가 우러나와야 한다.

곽말약의 말을 인용하면 다음과 같다. "셸리의 시심은 마치 피아노와도 같다. 건반을 세게 누르면 큰 소리가 나고, 가볍게 누르면 작은 소리가 난다. 때로는 웅장하고 호방하며 때로는 잔잔하고 애절하다. 그는 한 종류의 곡조만 연주할 수 있는 허수아비가 아니다." "선인들은 시를 바람[風]에 견주곤 했다. 세상에는 다양한 바람이 있다. 나무를 뽑고 집을 무너뜨리는 바람Orkan, 큰 나무를 뒤흔드는 바람Sturm, 작은 나무를 뒤흔드는 바람Stark, 큰 가지를 동요시키는 바람Frisch, 작은 가지를 동요시키는 바람Maessig, 풀잎을 쓰러뜨리는 바람Schwach, 연기기둥도 꺾지 못하는 바람Still. 셸리의 시풍도 이처럼 다양하다. 바람이 하늘 밖에서 불어오는 것이 아니듯 시도 마음 밖에서 불어오는 것이 아니다. 따라서 마음속에서 흘러나오지 않는 시는 진정한 시라고 할 수 없다. 이런 면에서 셸리는 진정한 시인이라 할 수 있다."

둘째, 역자와 작가는 "마음으로 공감하고 교감해서 하나가 되어야 한다."

곽말약은 『셸리 시선』의 서문에서 이렇게 말했다.

> 셸리의 시를 번역하며 나는 셸리가 되고, 셸리는 내가 된다. 시를 번역한다는 것은 앵무새가 말을 따라 하거나 원숭이가 모자를 쓰고 사람인 척 하는 것이 아니다.
>
> 남녀가 결혼을 하려면 우선 사랑을 하고, 공감을 하고, 교감을 해야 한다. 나는 셸리를 사랑하고, 그의 마음의 소리를 들을 수 있으며 그와 공감할 수 있다. 나는 그와 결혼했고, 하나가 되었다. 그의 시는 나의 시와 같다. 내가 번역한 그의 시는 내가 창작한 시와 같다.

곽말약은 번역자가 시인의 주관적 경험에 공감해야만 원작의 '기운'을 번역해낼 수 있다고 강조한다. 즉, 번역자의 '자아'가 작품 속에 융화되어야 번역이 창작으로 이어질 수 있으며 이것이 바로 번역의 최고 경지이다. 곽말약은 이러한 '합일'의 번역철학에 대해 절묘한 사례를 들었다. 후쿠오카에 머무를 당시, 그는 전한田漢을 초대해 후쿠오카 근교의 다자이후太宰府를 관람했다. “그날은 날씨가 참 좋았다. 기차는 푸른 들판을 질주했고, ‘나’는 이 웅장한 대자연의 교향악에 융화되는 듯했다. 나, 기차, 대자연이 완전히 합일되었다.” 곽말약은 기차의 힘찬 행진곡을 들으면서 입체파 시인 막스 자코브Max Jacob의 시 〈순간〉을 읊조렸다. 시 속에 깃든 자연의 음률과 정취를 음미하며 그는 “우주만물이 밤낮으로 시시각각 창조적인 진화를 거듭하고 있다”라고 표현했다. 곽말약은 시 속에 완전히 융화되었으며 인간과 자연이 합일되는 물아지경의 경지에 올랐다. 이러한 경험을 통해 “의식하지 못하는 사이 탄생한 예술품이야말로 최고의 걸작이다”라는 번역의 오묘한 이치를 터득했다.

생활체험론

1954년 곽말약은 전국문학번역실무회의 연설에서 번역자는 고도의 책임감, 원작과 원작의 작가에 대한 이해, 그리고 풍부한 경험을 가지고 있어야 한다고 주장했다.

> 번역자는 반드시 고도의 책임감을 가지고 있어야 한다. 아무 책이나 손에 잡히는 대로 골라 번역하는 것이 아니라 여러 가지 면에서 작품의 가치와 영향을 가늠해보아야 한다. 번역을 시작하기 전, 작품이 쓰여진 시대와 당시의 환경 및 생활상 등을 폭넓게 이해해야 한다. 풍부한 경험을 해보지 못하고 원작의 시대적 배경을 깊이 이해하지 못하는 번역자가 한 작품을 제대로 번역하는 것은 매우 어려운 일이다.

곽말약은 『파우스트』 1, 2부를 몸소 번역하면서 느낀 체험을 근거로 번역에서 '삶의 체험'의 중요성을 설명했다. "나는 괴테의 대표작 『파우스트』를 번역한 적이 있다. 괴테는 장장 60년에 걸쳐 자신의 삶의 체험이 녹아 있는 이 위대한 작품을 완성했다. 이 작품은 1, 2부 두 권으로 구성되어 있는데, 내가 20대였을 때 번역을 시작해 30년이 지난 1946년이 되어서야 완성할 수 있었다. 1부는 괴테의 청년 시기 작품으로, 비교적 수월하게 번역할 수 있었다. 작품의 시대적 배경이 낡은 것을 타파하고 새로운 것을 창조하자는 중국의 5·4운동 시기와 매우 흡사하기 때문이다. 청년 괴테의 감정은 그 시기 나의 감정과 매우 일치하며 사상도 비교적 비슷하다. 따라서 매우 순조롭게 번역을 했으며 결코 힘들다고 느끼지 않았다. 2부는 괴테가 노년에 완성한 것으로, 그의 사상과 감정을 이해하기 정말 어려웠다. 그래서 번역 작업을 잠시 제쳐놓았는데, 번역을 하고 싶지 않은 것은 물론이요, 심지어 세계 명작이라는 사실을 부정하고 싶을 정도였다. 이후 약 30년이 지나 나 자신도 어느 정도 삶의 경험을 쌓을 수 있었다. 혁명에 참가했고, 항일 전쟁을 겪었고, 장개석蔣介石의 반동 통치를 목도했다. 그리고 1946년 상해로 건너가 국민당 통치하의 험난한 삶을 경험하고 나서 『파우스트』 2부를 보니 공감도 잘되고 번역하면서도 신이 났다. 이로써 결과적으로 단기간 내에 번역을 마칠 수 있었다." 번역학자들이 번역에서 삶의 체험의 중요성에 대해 언급할 때 자주 인용되는 구절이다. 기억하라, 잘 알지 못하는 작가의 작품은 절대 번역하지 말아야 한다.

"번역문도 예술 작품 같아야 한다"

1955년 중국 번역학계에서 번역 기준에 관한 열띤 논의가 진행되었다. 엄복의 '신, 달, 아' 이론에 대한 다양한 해석이 나왔고, 곽말약은 이와 관련해서 『아문교학俄文教學』 편집부에 편지를 보내 '신, 달, 아'에 대한 새로운 견해를 피력했다.

번역은 매우 중요하고 힘든 작업이다. 원칙적으로 볼 때, 엄복의 '신, 달, 아'는 분명 번역자가 필수적으로 갖추어야 할 조건이다. 그러나 번역 대상의 성질 또한 간과할 수 없는 요소이다. 문학 작품의 경우, 요구 조건이 조금 더 엄격하다. 즉, 형태와 의미를 유지해야 할 뿐 아니라 번역문의 문학적 가치도 보존해야 한다. '신, 달, 아' 세 가지 조건 중 어느 하나라도 결여되어서는 안 되는데, '신'과 '달'을 지킴과 동시에 '아'를 잘 구현할수록 더욱 좋다. 소위 '아'라는 것은 수준 높은 문장이나 화려한 수사여구를 구사하는 것이 아니라 문학적 가치나 예술적 가치가 뛰어난 것을 말한다.

엄복은 번역계에 많은 공헌을 했는데, 그중 하나가 '신, 달, 아'라는, 번역자가 갖추어야 할 조건을 논한 것이다. 이는 매우 중요하고 완비된 이론이라고 생각한다. 문학 작품 번역의 경우 특히 세 번째 조건을 중시해야 하는데, 이는 번역문 역시 하나의 예술 작품이기 때문이다.

곽말약은 '아'를 특히 중시했다. '아'는 '수준 높은 문장이나 화려한 수사여구를 구사하는 것이 아니라 문학적 가치나 예술적 가치가 뛰어난 것'을 가리킨다. 한마디로 '번역문 역시 하나의 예술 작품'이다. 즉, 곽말약의 '아'는 문학 번역의 예술적 가치를 가늠하는 기준으로, 이는 엄복의 '아' 개념을 발전시켜 예술적으로 개괄한 것이다. 원작이 예술 작품이라면 번역문도 예술 작품이어야 한다. 곽말약의 절묘한 비유는 이러한 이치를 잘 형상화한다.

보드카를 맹물로 바꿀 수는 없다. 어쨌든 고량주로는 바꾸어야 책임을 다했다고 할 수 있다. 만약 맹물인데 그 안에 진흙이 섞여 있다면 마찬가지로 그냥 맹물로는 바꿀 수 없다.

곽말약은 번역 이론서를 많이 남기지는 않았지만 그의 논문, 보고서, 서신, 번역문 서문과 발문, 그리고 많은 번역 작품을 통해 자신만의 번역철학을 일관성 있게 드러내고 있다.

3부

중국 번역사상의 발전기

동서 문화 교류의 선구자 임어당

번역과 예술의 매개자 주광잠

동서 문화 교류의 선구자 임어당

임어당林語堂(Lin Yutang, 1895~1976)은 중국의 유명한 문학 번역가이자 박학다식한 작가요, 뛰어난 언어학자였다. 그는 근대 이후 중국 복건성이 낳은 대표적 번역가인 엄복嚴復, 임서林紓, 고홍명辜鴻銘, 진계동陳季同의 뒤를 잇는 번역가이자 복건성 출신의 현대 작가인 빙심冰心, 정진탁鄭振鐸의 계보를 잇는 작가로도 유명하다.

임어당은 모국어인 중국어는 물론이고 영어로도 작품 활동을 펼쳤으며 중국 국내에서보다 해외에서 더 큰 명성을 얻은, 세계 문학계가 인정한 인물이었다. "두 다리로 동서양의 문화를 딛고서 한마음으로 우주의 문장을 평한다兩脚踏東西文化, 一心評宇宙文章." 이는 임어당의 사상과 문학 창작, 문학 번역의 길을 가장 집약적으로 표현해주는 말이라고 할 수 있다.

1. 두 다리로 동서양의 문화를 딛고: 임어당의 문학 창작과 문학 번역 인생

임어당의 어린 시절 이름은 화락和樂, 본명은 옥당玉堂이며, 살천사薩天師, 재여宰予 등의 필명으로 활동했다. 복건성 용계龍溪(지금의 장주漳州)의 화목한 기독교 집안에서 태어났으며 부친 임지성林志誠은 시골 목사였고 모친 또한 기독교인이었다. 두 사람은 슬하에 5남 2녀를 두었는데 임어당은 이들 부부가 마흔 살에 얻은 다섯 번째 아들로 어려서부터 남달리 총명했다. 그는 초등학교부터 대학교까지 모두 서양식 기독교 학교에서 신식 교육을 받으며 성장했다. 그렇기 때문에 복건성과 광동성 지역의 향토 문화와 기독교식 종교 문화의 영향을 동시에 받았다. 상해 성요한대학에 입학한 후에는 서구 자산 계급의 세계관과 인생관을 두루 접하게 되었고 이를 계기로 서구 문화에 큰 흥미를 갖게 되었다. 대학의 학장을 비롯한 교수진 대부분이 외국인이었던 까닭에 청년 임어당은 이들이 가지고 있는 서구인의 생활방식과 사고방식, 그리고 사상적 성향에도 큰 영향을 받았으며, 이는 그가 '서구식 삶'을 동경하고 높이 평가하게 되는 계기가 되었다.

1916년 대학을 졸업한 임어당은 북경 청화학교清華學校 영어 교사로 부임했다. 이 시기에 그는 중국의 학문에 파고들어 중국 문학과 철학을 깊이 있게 연구하겠다는 결심을 하게 된다. 훗날 임어당은 자신이 중국어로 집필 활동을 할 수 있게 된 것이 청화학교 재직 시절 중국 문학 연구에 매진한 덕분이라고 회고한 바 있다.

1919년 여름, 임어당은 새로운 분야에 도전하고자 하는 포부를 안고 유학길에 올라 미국 하버드대학에서 비교문학을 연구한 뒤 다시 프랑스

청년회의 초청으로 프랑스로 건너갔다. 제1차 세계대전이 끝난 후 프랑스에 머물며 잠시 노동자로서 생활하기도 했으며 얼마 후에 독일로 건너가 예나대학에 입학했다. 이때 임어당은 문학보다 언어학에 더 심취해 있었다. 그는 예나대학에서 한 학기를 마친 후 다시 인도·유럽어 비교 문법의 발원지로 유명한 라이프치히대학으로 옮겨 한학자인 아우구스트 콘라디August Conrady와 같은 대학자들 밑에서 문법학과 중국 고대 음운학을 연구했다. 라이프치히대학 재학 시절, 임어당은 중국과 외국의 유명 문학 작품을 탐독하고 언어학을 공부했으며 다양한 서양 철학에 심취했다. 그는 이 시기에 중단했던 하버드대학 석사과정을 모두 이수하고 문학 석사학위를 취득했으며, 1923년에는 라이프치히대학에서 철학 박사학위를 받았다.

그해 가을 4년간의 유학 생활을 마치고 귀국한 임어당은 과거 호적胡適이 약속했던 대로 북경대학 교수로 초빙되었다. 5·4신문화운동의 열기가 한풀 꺾이고 주도 세력들 사이에 형성된 통일 전선도 와해되던 그 무렵, 임어당은 노신이 이끄는 주간잡지 『어사語絲』에 참여했다. 그는 당대의 문화계와 문학계를 이끌던 문학 동인 조직인 어사파語絲派에 참여해 애국청년들의 편에 서서 행동하는 진보주의자로서의 면모를 보여주기도 했다. 그는 훗날 당시를 이렇게 회고했다. "의외라고 생각할 수도 있겠지만 나는 호적이 이끄는 『현대평론現代評論』이 아닌 『어사』에 참여했다. 정계에 진출하려는 목적으로 정치 평론을 쓰는 현대평론파와 달리 어사파 동인들은 다른 사람의 말이 아닌 자신이 진짜 하고 싶은 말을 글로 풀어냈고 나는 이러한 글의 풍격이 마음에 들었다. 우리는 자유주의자라고 할 수는 없었지만 『어사』를 우리의 진심을 담아내는 공간으로 생각했다." 『어사』 시절은 임어당 문학 창작 인생의 첫 번째 황금기였으며 시대의 병폐를 풍자하고 비판한 그의 초기 작품집 『전불집翦拂集』(1928)은 내용 면에서 노신의 『화개집華蓋集』과 맥을 같이하는 작품이라고 할 수 있다.

1920년대는 다양한 외국의 문예 사조가 중국에 물밀 듯이 쏟아져 들어오던 시기였다. 영어에 능통했던 임어당은 이때 자신의 장점을 십분 발휘해 이탈리아의 철학가이자 미학자인 베네데토 크로체Benedetto Croce의 『미학, 표현의 과학美學·表現的科學』, 영국의 작가이자 시인인 오스카 와일드Oscar Wilde의 『예술가로서의 비평가藝術的批評家』, 덴마크의 문예 비평가이자 문학사가인 게오르그 브란데스Georg Brandes의 『헨리크 입센론亨利·易卜生』, 미국의 문예 비평가 조엘 스핑간Joel Spingarn의 『신비평新的文評』 등 서구의 문예 이론을 중국에 번역·소개했다. 1930년대 전반기에는 『논어論語』, 『인간세人間世』, 『우주풍宇宙風』 등의 문예잡지 주간으로 활동하면서 논어파論語派를 이끌었으며, 1929년 동오대학東吳大學 재직 시절에는 언어학 규칙을 활용한 영어교수법을 연구해 당시 영어 학습의 필독서로 불리며 최고의 권위를 인정받은 『개명영문독본開明英文讀本』, 『개명영문문법開明英文文法』을 출간하는 등 중국의 외국어 교육 발전에도 크게 기여했다.

"두 다리로 동서양의 문화를 딛고서 한마음으로 우주의 문장을 평한다." 이것은 임어당이 직접 지은 좌우명이다. 그는 외국인에게는 중국 문화를, 중국인에게는 외국 문화를 소개할 수 있는 것이 자신의 가장 큰 장점이라고 자평하기도 했다. 임어당은 1928년부터 영문으로 작품 활동을 하기 시작했으며 1935년에는 그간의 글을 모아 『소평론선집小評論選集』(상·하) 영문판을 출판했다. 또한 같은 해, 중국 고대·근대 시기 고전 작품의 영문 번역에도 착수해 첫 번째 영역 작품인 『부생육기浮生六

記』(*Six Chapters of Floating Life*)를 출간했고 뒤이어 『노잔유기老殘遊記』(*A Nun of Taishan*) 영역본도 내놓았다. 또한 미국 여류작가 펄 벅Pearl Buck의 추천으로 미국 존데이 출판사에서 중국의 사회와 문화를 묘사한 최초의 영문 저작 『나의 조국, 나의 겨레吾國與吾民』(*My Country and My People*)를 출간하기도 했다. 펄벅은 이 책의 서문에서 "과거 위대한 명작이 그러했듯 『나의 조국, 나의 겨레』도 아무런 예고 없이 등장했다. 이 작품은 우리의 모든 열망을 만족시키기에 충분할 만큼 중국의 진실한 모습을 있는 그대로 충실하게 그려내고 있다. 문장이 유려하고 고상하며, 유머러스하면서도 아름답고, 무거우면서도 위트가 넘친다. 또한 중국의 과거와 현재에 대한 깊은 이해와 성찰이 담겨 있다. 이 책은 지금까지 나온 중국 관련 서적 가운데 가장 진실하고 아름다우면서 또 체계적이고 의미 있는 역작이라고 할 수 있을 것"이라며 극찬을 아끼지 않았다.

임어당은 1936년 미국 뉴욕으로 거처를 옮겨 『생활의 발견生活的藝術』(*The Importance of Living*)을 출간했고 1938년에는 미국의 모던라이브러리 출판사의 요청으로 『공자의 지혜孔子的智慧』(*The Wisdom of Confucius*, '공자의 명언孔子的哲言'이라고도 함)를 편역, 출간해 영어권 독자들에게 공자의 학설을 소개했다. 또한 『중국의 지혜中國之智慧』(*The Wisdom of China*), 『인도의 지혜印度之智慧』(*The Wisdom of India*) 등을 연이어 영어로 번역했으며 『경화연운京華煙雲』(*Moment in Peking*, '순식경화瞬息京華'라고도 함), 『풍성학려風聲鶴唳』(*A Leaf in the Storm*), 『차이나타운唐人街』(*Chinatown Family*), 『주문朱門』(*The Vermilion Gate*), 『제소개비啼笑皆非』(*Between Tears and Laughter*), 『측천무후武則天傳』(*Lady Wu*) 등의 영문 장편 소설을 발표하는 등 총 35편에 달하는 영문 저작을 출간했다. 1965년 고희를 맞은 임어

당은 대만으로 돌아와 그곳에 정착했다. 그는 장개석이 제의한 고시원考試院 부원장이라는 고위직을 완곡히 거절하고 자신의 이름을 붙인 『임어당 현대한영사전林語堂當代漢英辭典』 편찬에 온 힘을 기울였다. 임어당 저술 인생의 정점으로 꼽히는 시기에 편찬된 사전이 출간되면서 그는 사전 분야에도 큰 업적을 남기게 되었다. 동서 문화에 두루 정통했던 임어당은 직접 영어로 창작한 작품을 가지고 세계 문단에서 활발한 활동을 펼친 몇 안 되는 중국 문학가들 가운데 한 사람이었다. 또한 동서양의 두 문화를 아우르는 독특한 문화적 배경을 바탕으로 고도의 번역 능력이 요구되는 중국의 고전 문학을 영문으로 번역했을 뿐만 아니라 그 번역량에 있어서도 과거 여느 번역가들을 훨씬 능가했다. 임어당은 다채로운 이력과 다양한 분야를 망라하는 수많은 작품들로 중국 문화사에서 중요한 위치를 차지하고 있다.

2. 번역은 예술이다: 임어당의 번역 미학

1933년 임어당은 중국 번역사상사에서 높은 가치를 인정받는 장편 논문 「번역을 논함論飜譯」을 통해 다양한 번역 이론을 피력했다. 홍콩중문대학 번역연구소 주임을 역임한 바 있는 홍콩 출신 번역가 송기宋淇는 『번역에 관한 담론飜譯縱橫談』의 서문에서 임어당의 「번역을 논함」에 대해 "이 분야의 저술 중에서 가장 높은 가치를 지닌 글 가운데 하나"라고 평가했다. 「번역을 논함」에서 가장 높은 학술적 가치를 지닌 부분은 임어당이 번역 기준을 제시하면서 언급한 번역 미학 이론이라고 할 수 있다.

번역의 심미주체론

임어당은 일찍이 '번역은 예술이다'라는 주장을 펼친 번역가였다. 그는 "우리는 예술 작품을 번역하는 사람들이라고 할 수 있다. 따라서 번역 행위 자체도 하나의 예술로 간주해야 한다"라고 주장했다. 이는 베네데토 크로체가 주장한 '번역은 창작이다'라는 말과 맥을 같이 한다. 임어당에 따르면 번역은 일종의 예술이며 번역가는 번역의 심미적 주체로서 번역 과정 전반에 걸쳐 결정적인 역할을 수행한다. 임어당은 「번역을 논함」에서 심미적 주체인 번역가가 갖추어야 할 조건을 아래와 같이 매우 엄격히 제시했다.

> 번역은 일종의 예술이다. 무릇 예술의 성공이란 개인의 높은 예술적 재능과 고도의 예술적 훈련에 의해 좌우된다. 이것을 제외하고는 그 어떤 성공의 지름길도 존재하지 않는다. 왜냐하면 예술이란 본래 성공의 지름길이 없는 것이기 때문이다. 번역예술은 다음 세 가지 조건을 기반으로 한다. 첫째, 번역가는 원문의 언어와 내용을 완벽하게 이해해야 한다. 둘째, 번역가는 매끄럽고 정확한 중국어를 구사할 수 있는 모국어 능력을 갖추어야 한다. 셋째, 번역가는 번역 훈련을 통해 번역의 기준과 방법론을 터득해야 한다. 이 세 가지 조건 외에 번역가의 기준으로 삼을 만한 그 어떤 법도도 존재하지 않는다.

임어당은 번역가가 갖추어야 할 '세 가지 조건' 외에도 번역가의 '세 가지 책임', 즉 '원작에 대한 책임, 독자에 대한 책임, 예술에 대한 책임'을 제시했다. 또한 '문학 번역가가 갖추어야 할 한 가지 요건'으로 '번역가의 문학적 소양'을 주장하기도 했다. 그는 문학 작품의 번역은 번역가의 문학적 경험과 지식을 토대로 이루어지는 작업이며, 번역가는 원작의 정신과 작가의 의도를 완벽하게 이해했다는 자신감이 생겼을 때 비로소 번역에 착수해야 한다고 했다. 만약 그렇게 할 수 없는 데다 다른 좋은 방법도 가지고 있지 못하다면 애초에 번역을 하지 않는 것도 하나의 방법이라고 주장했다. '번역가의 3가지 조건, 번역가의 3가지 책임, 문학 번역가의 1가지 요건'을 가리키는 임어당의 '3.3.1' 이론은 결국 번역의 성공 여부가 재능 있는 번역가에게 달려 있다는 주장이라고 할 수 있다.

번역의 미학 기준과 심미객체론

엄복은 '번역의 세 가지 어려움'으로 '신信, 달達, 아雅'를 주장했고, 임어당은 '번역의 3대 기준'으로 '충실성[忠實], 유창성[通順], 미학[美]'을 제시했다. 임어당의 번역 기준은 엄복이 주장한 '신, 달, 아'와 대체적으로 일치하는데 충실성이 '신', 유창성이 '달'에 해당한다. 물론 번역의 미학 기준은 '아' 이상의 의미를 내포한다. 임어당은 「번역을 논함」에서 자신이 주장한 번역 원칙인 '달의전신達意傳神', 즉 '의미와 정신의 전달'에 대해 체계적으로 상세하게 기술하고 있으며, 번역의 3대 기준인 '충실성, 유창성, 미학'에 대해 다음과 같이 설명하고 있다.

> 충실성은 첫째, 단어 대 단어 식의 일대일 번역을 가리키는 것이 아니다. 번역가는 반드시 원문에 사용된 모든 단어의 의미를 이해해야 하지만 그것을 하나하나 전부 빠짐없이 번역해야 할 의무를 가지고 있는 것

은 아니다. 다시 말해 번역가가 충실해야 할 대상은 원문에 사용된 개별적인 단어들이 아니라 이러한 단어들의 조합으로 생성된 의미라고 할 수 있다. 둘째, 번역가는 원문의 '의미 전달[達意]'뿐만 아니라 '정신 전달[傳神]'을 추구해야 한다. 번역문은 원문의 정감적 색채, 풍격, 내포적 의미를 충실하게 전달해야 한다는 뜻이다. 언어는 의상意象을 표현하는 기능뿐만 아니라 감정을 소통하는 기능도 가지고 있다. 따라서 번역가는 원문의 의미를 명확히 전달하기 위해 노력해야 하는 것은 물론 독자에게 원문의 느낌을 전달할 수 있도록 해야 한다. 셋째, 절대적인 충실은 불가능하다. 번역가가 도달할 수 있는 충실성이란 절대적 의미의 충실이 아닌 상대적 의미에서의 충실을 뜻한다. 직역론자들은 단어 대 단어 식으로 번역할 경우 절대적 의미의 충실, 즉 원작에 100퍼센트 충실한 번역을 생산할 수 있다고 보았으나 이는 꿈에 지나지 않는다. 원작에 대한 충실도가 70퍼센트 혹은 80퍼센트 정도라면 번역가는 이미 자신이 할 수 있는 최선을 다한 것이라고 볼 수 있기 때문이다.

번역의 두 번째 기준인 '유창성'의 의미는 중국어가 매끄럽지 않은 번역은 '충실한' 번역이 아니라는 것이다. 번역가는 원작에 대해 책임을 져야 하지만 번역이 자국인을 대상으로 하는 만큼 자국 독자에 대해서도 응당 책임을 져야 한다. 이는 번역도 역시 일반 창작과 마찬가지로 독자에 대해 책임이 있다는 것을 의미한다.

번역의 세 번째 기준인 '미학'의 의미는 번역에서는 번역의 용도뿐만 아니라 미학적인 측면도 반드시 함께 고려해야 하기 때문에 이상적인 번역가는 번역을 예술로 간주해야 한다는 것이다. 따라서 번역가는 예술을 사랑하듯 번역을 사랑하고 예술을 대하듯 신중한 마음가짐으로 번역에 임하여 번역을 하나의 예술fine art로 만들어야 한다. 특히 시나 소설과 같은 문학 작품을 번역할 때는 글의 미학적 측면에 더욱 주의를 기울여야 한다.

임어당 번역 미학의 중심 사상은 '달의전신達意傳神'이지만 그 핵심은 '전신傳神'에 있다. 그는 의미만 전달하고 정신을 전달하지 못한 번역은 원문을 번역한 것이 아니라 훼손한 것이라고 주장했다.

임어당은 번역문이 갖추어야 할 다섯 가지 아름다움[五美]으로 소리의 미[音美], 뜻의 미[意美], 정신의 미[神美], 풍격의 미[氣美], 형식의 미[形美]를 주장했는데 이는 '형사신사론形似神似論'에 대한 새로운 제안이었다. 노신은 일찍이 『중국문학사개론漢文學史綱要』 제1편에서 글이 갖추어야 할 세 가지 아름다움으로 '삼미三美', 즉 뜻의 미, 소리의 미, 형식의 미를 주장한 바 있다. 허연충許淵沖은 임어당의 '오미론五美論'은 노신의 '삼미론三美論'에서 확대 발전된 것으로 번역문은 원문의 소리, 뜻, 정신, 풍격, 형식의 아름다움을 가능한 충분히 전달해야 한다는 주장이라고 해석했다. 또한 '오미론'을 임어당 번역 미학의 핵심으로 평가했다.

임어당은 번역의 심미적 객체는 원작이므로 번역문은 "원문의 풍격과 내용을 똑같이 중시해야" 하며, "글의 아름다움은 질質, 즉 내용에 있지 않고 체体, 즉 문체에 있다"라고 주장했다. 문학 작품의 풍격이란 작가가 장기간에 걸친 창작 활동을 통해 점차적으로 형성한 '예술적 개성'이자 작가의 개인적 기질, 세계관 및 문예미학관이 작품 속에 녹아 있는 것이라고 볼 수 있으며 다른 작가와 차별화된 그 작가만의 고정화된 '예술적 특징'이라고 지적했다.

문학 작품의 번역에서 가장 중요한 것은 원문의 풍격과 내용을 똑같이 중시하는 것이다. 무엇을 말하고 있는지에 대해서뿐만 아니라 그것을 표현하는 방법에도 주의를 기울여야 한다. 작가는 자신만의 스타일과 문체를 가지고 있다. 작품이 가치를 지니는 이유는 바로 작가의 스타일과 문체 때문이다. 그러므로 글의 아름다움은 질(내용)에 있지 않고 체(문체)에 있는 것이다. 문체는 바로 예술의 핵심 문제이다. 때문에 우리가 좋아하는 작가의 작품이 무엇을 다루고 있든지 간에 우리는 그 작품을 손에서 놓을 수 없는 것이다. 왜냐하면 우리가 좋아하는 것은 그 작가의 풍격과 개성이기 때문이다…… 소위 형식의 문제를 가볍게 보아서는 안 된다. 형식에는 외적인 것과 내적인 것이 있다. 외적인 체재란 바로 문장의 길이나 시의 격식 등을 가리키고, 내적인 체재란 바로 작가의 스타일과 문체, 작가의 개성과 직접적으로 연관되어 있는 이상이나 묘사, 환상, 기이한 생각, 낙관, 비관, 유머 등을 가리킨다.

임어당은 문학 작품을 번역하는 사람은 반드시 사전에 원저자의 풍격과 정신세계를 이해하여 번역에 그것을 충분히 담아낼 수 있어야 하며 그래야만 문학 번역에 대한 의무를 다했다고 할 수 있다고 주장했다. 또한 행간에 내포된 의미는 원문의 문체적 특징을 통해 드러나게 된다는 점을 반드시 기억해야 한다고 역설했다.

번역 미학의 심리절차론

당시 '직역 대 의역' 논쟁이 진행되는 가운데 '자역字譯 대 구역句譯' 문제가 대두되었다. 직역파와 의역파의 입장이 첨예하게 대립되는 상황에서 임어당은 '자역'에 강력히 반대하고 '구역'을 제창했다. 그는 번역을 심리학적 시각에서 고찰했으며 '자역'과 '구역'을 할 때 번역자가 거치게 되는 심리적 과정에 주목했다. 그때까지 번역에 대한 일반적인 인지심리학적 견해는 번역자가 '자역'의 방법 혹은 과정을 통해 번역을 한다는 것이었다. '자역'은 단어를 기본 단위로 하여 해당 단어의 의미를 해석하고 번역하는 방법을 가리킨다. '자역'에서는 단어의 의미가 상하문上下文, 즉 앞뒤 문장과 분리되어 독립적으로 존재할 수 있다고 보았기 때문에 번역자는 마땅히 단어 대 단어 식으로 번역해야 한다고 생각했다. 또한 독립적으로 존재하는 낱개 단어의 의미를 조합하면 문장 전체의 의미를 파악할 수 있다고 보았다. 임어당은 이러한 관점에 대해 일부 초보 번역자들의 번역 과정만을 설명하는 잘못된 견해라고 비판했다. 단어의 의미는 고정적인 것이 아니라 어떻게 사용하느냐에 따라 언제든지 바뀔 수 있다는 것이 그의 지적이었다. 또한 단어의 의미가 변화하는 이유는 앞뒤 문장과의 상호 유기적인 연관 혹은 융합의 결과 때문이라고 설명했다. 이것이 바로 중국 번역이론사에서 일찍이 제기된 '상하문' 번역 이론이다.

임어당의 주장에 따르면 단어의 의미는 고정적이거나 분리되어 존재하는 것이 아니라 문장을 구성하는 다른 요소들과 서로 유기적으로 연관되어 있는 비고정화된 것으로 간주해야 한다. 그렇기 때문에 번역자는 단어를 일대일 대응 식으로 번역할 필요가 없고 또 그런 방식으로 번역하는 것 자체도 불가능하다고 주장했다. 따라서 번역자는 단어가 아닌 문장 중심의 번역 원칙에 의거해 먼저 원문에 쓰인 문장 전체의 의미를 정확하게 이해한 후에 그것을 중국어의 문법에 맞게 번역해내야 한다. 그는 또한 중국어로 번역할 때는 완벽하게 중국인의 언어 심리에 근거해야 한다는 주장을 펼치기도 했다.

번역문의 유려함을 추구한다면 반드시 구역句譯 원칙을 준수해야 한다. 일반적으로 문장을 구성하는 심리적 과정은 분석적인 것이지 단순한 조합에 의해 이루어지는 것이 아니다. 먼저 총체적인 의미가 있고 나서 문장의 각 구성 성분으로 분화되는 것이지 먼저 낱개의 단어가 존재한 후에 이러한 단어들로 총체적인 의미를 형성하는 것이 아니다.

사실 번역상의 문제는 번역자의 심리와 번역하는 언어, 이 둘의 관계에서 비롯되는 것이나 다름없다. 때문에 번역의 문제는 언어와 심리의 문제라고 할 수 있다. 이러한 문제를 객관적으로 해결하려면 언어 심리 분석을 이론 정립의 토대로 삼아야 한다. 먼저 언어와 문장을 구성하는 심리를 명백히 이해한 후에야 번역자의 기준이 어떠해야 한다는 결론을 내릴 수 있다.

임어당의 번역 미학 사상은 관점이 예리하면서도 독특하다. 그의 이러한 관점은 중국의 전통 번역사상의 폭을 넓히고 발전시키는 데 크게 기여했으며 번역 이론에 있어서 독자적인 '번역 유파'를 형성할 수 있는 토대로 작용했다.

노신은 일찍이 임어당의 번역 재능을 알아보고 그에게 외국 작품을 많이 번역하라고 권했다. 훗날 임어당은 다량의 번역 작업을 통해 고향 선배이자 중국 한영漢英 번역의 선구자인 고홍명辜鴻銘의 뒤를 이어 중국의 명작들을 영어로 번역하는 문학 번역가로 이름을 날렸다.

임어당의 일생일대의 업적이라면 역시 동서양의 문화 교류에 대한 공헌을 꼽을 수 있다. 중국에 근대 서구 문화를 소개한 인물로는 엄복과 임서 등 많은 인재들이 줄을 이었지만, 중국 문화를 서양에 소개한 인물은 그다지 많지 않았다. 마테오 리치Matteo Ricci, 요한 아담 샬 폰 벨

Johann Adam Schall von Bell 등의 외국인 몇 명과 고홍명, 진계동陳季同을 제외하면 이 분야에 헌신해 가장 큰 성공을 거둔 근대 시기 중국 학자로는 임어당이 으뜸이라고 할 수 있다.

번역과 예술의 매개자 주광잠

주광잠朱光潛(Zhu Guangqian, 1897~1986)은 중국의 미학자이자 문예 이론가인 동시에 번역학자로도 많은 기여를 한 인물이다. 미학자로서는 동서고금의 지식에 능통해 중국 국내에서는 물론 해외에서도 명성이 자자했다. 일본, 미국, 독일, 영국, 프랑스, 네덜란드, 이탈리아 등에서 그를 연구한 저서들이 출판될 정도이다. 번역가로서는 평생 마르크스 사상 관련 명저, 서구 미학자 및 문예 이론가의 주요 대표작들을 번역해 동서 문화의 소통과 서구 미학의 소개에 앞장선 선구자 역할을 했다. 그는 일원론一元論과 이분법二分法의 기본 원리를 견지하면서 번역 문제에 대해 철학적인 시각으로 고민해 중국 번역사상사에 기여한 바가 크다.

1. 서구 미학과 통하는 다리를 놓다: 주광잠의 번역 인생

주광잠은 안휘성安徽省 동성현銅城縣 출신으로 필명은 맹실孟實이다. 홍콩대학을 졸업한 후 1925년 국비 장학생에 선발되어 영국으로 유학을 떠났다. 영국 에딘버러대학에서 영국 문학, 철학, 심리학과 유럽 고대사, 예술사를 심도 있게 공부한 뒤 런던대학에 들어가 셰익스피어를 전공했다. 그 후 1933년에 프랑스 스트라스부르대학에서 「비극심리학」이라는 논문으로 문학 박사학위를 받았다. 그는 영국과 프랑스에서 유학하는 8년 동안 영어, 프랑스어, 독일어 등을 섭렵했다. 영국 유학 기간에 이탈리아 미학자 베네데토 크로체의 『미학의 원리美學原理』(*Aesthetic*)를 중국어로 옮기면서 번역 인생의 첫걸음을 내디딘 주광잠은 이때부터 중국에 서양 미학을 소개하는 데 앞장섰다. 프랑스 유학 중에는 기사문학騎士文學인 『트리스탄과 이졸데特里斯丹和綺瑟』(*Tristan und Isolde*)를 번역하기도 했다. 같은 해 귀국한 후에는 북경대학, 청화대학에서 교수를 지냈고, 항일전쟁 기간에는 사천대학, 무한대학에서 강의했다.

주광잠은 수십 년 동안 교편을 잡으면서 서구 미학사와 미학 명저의 연구 및 번역 작업을 꾸준히 병행했다. 이처럼 번역 작업에 상당한 애착을 가졌던 그는 '관심 있는 대상을 번역해야 한다'라는 나름의 번역 원칙을 고수해왔다. 덕분에 그의 번역 작품은 충실성과 가독성 모두를 만족시키는 이상적인 본보기로 여겨져 왔다. 해방 후 1950년에 그는 고대 그리스 철학자 플라톤Platon의 『대화편柏拉圖對話錄』을, 1956년에는 영국 조지 버나드 쇼George Bernard Shaw의 『희곡집戲劇集』을 번역해 출판했다. 1958년에는 총 3권으로 된 게오르크 헤겔Georg Hegel의 대작 『미학美學』(*Vorle sungen uber die Asthetik*) 번역 작업에 대대적으로 착수했는데, 이 작품은 장장 20년이 걸려서야 대장정의 마침표를 찍었다. 1960년대에 들어서는 『서양미학사西方美學史』를 집필하면서 독일 극작가 고트홀트 에프라임 레싱Gotthold Ephraim Lessing의 미학 명저 『라오콘拉奧孔』

(*Laocoon*)을 번역했다. 이후 1970년대에 번역해 출간한 작품으로는 독일 작가 요한 페터 에커만Johann Peter Eckermann의 『괴테와의 대화歌德談話錄』(*Gesprache mit Goethe*), 이탈리아 플로티누스Plotinus의 『에네아즈九部書』(*Enneads*, 제6권), 토미스 아퀴나스Thomas Aquinas의 『신학대전神學大典』(미학 부분), 알리기에리 단테Alighieri Dante의 『속어론俗語論』(*De Vuigari eloquentia*), 레오나르도 다빈치Leonardo da Vinci의 『어록語錄』, 이탈리아 근대 과학의 창시자 잠바티스타 비코Giambattista Vico의 『신과학新科學』 등이 있다. 또한 기존에 출판된 마르크스 경전의 중국어 번역본을 검토해 「'공산당선언' 번역본 대조 소결」, 「'포이에르바하에 관한 논문' 번역본에 대한 논의」, 「마르크스 '경제학: 철학수고手稿'에서의 미학 문제」 등의 글을 발표하기도 했다.

2. 주광잠의 번역철학과 사상

'일원론一元論, 이분법二分法' 사상

"번역문은 원문에 근사近似할 수 있을 뿐이다. 절대적인 '신信'의 경지는 이상에 불과하다."

주광잠은 1944년 「번역을 말하다談飜譯」(『화성華聲』 격주간지, 제1권 제4기)라는 제목의 기고문에서 '일원론, 이분법' 개념을 원용해 엄복의 '신, 달, 아' 사상을 철학적으로 고찰했다. 그는 '신信'이 가장 우선적인 요소이며, 궁극적으로 '달達'과 '아雅'를 내포한다고 주장했다. 즉 '신, 달,

아'는 대등하게 나란히 공존하는 관계가 아니라 '신'에 역점을 두어야 한다는 것이다.

엄우릉嚴又陵[1]은 번역의 세 가지 원칙으로 신信, 달達, 아雅를 제시했다. 여기서 '신'이야말로 가장 실현되기 어려운 경지이다. 원문이 '달'과 '아'의 요소를 갖춘 데 반해 번역문이 그에 상응하는 '달'과 '아'를 실현하지 못한다면 '신'에 도달했다고 할 수 없다. 만일 원문이 '달'과 '아'에 미치지 못하고 번역문이 오히려 '달'과 '아'를 이루었다면 과유불급이므로 이 또한 '신'에 해당한다고 할 수 없다. 소위 '신'이라 함은 원문에 대한 충실성을 의미하며 원래의 의미를 중국어로 적절하게 표현해내는 것을 말한다. 문학적 가치가 있는 작품은 반드시 하나의 완전한 유기체이어야 하며 감정과 사상, 언어 스타일이 한데 어우러지고 소리와 의미도 틈새 없이 잘 들어맞아야 한다. 따라서 원문에 대한 충실성은 표층의 자의字意는 물론 그 속에 내재된 정서, 사상, 풍격, 소리, 리듬 등에도 충실해야 함을 의미한다. 번역 경험이 있는 사람이라면 번역이 매우 어려운 일임을 알 것이다. 일부 문학 작품, 특히 시의 경우는 번역이 불가능하다 (시가 번역 가능하다는 주장을 하는 자들은 대개 시를 잘 모른다). 문학 작품은 대부분 번역이 가능하지만 번역문은 원문의 근사치일 뿐이다. 절대적인 '신'의 경지는 이상에 불과하다.

번역에서 '신'의 원칙은 정서, 사상, 풍격, 리듬 등을 포함한 원문 전반에 적용되어야 한다. 왜냐하면 원문 자체가 어떤 견해, 정서를 표현하

1 우릉又陵은 엄복의 자字이다.

는 언어체이기 때문이다. 이 때문에 번역문도 원문의 근사치가 될 수밖에 없으며 절대적인 '신'의 경지는 하나의 이상일 뿐이다.

언의불가분론言意不可分論

"가장 이상적인 번역은 문맥이 잘 통하는 매끄러운 직역이다."

직역과 의역이라는 양분화된 개념에 반대했던 주광잠은 직역과 의역이라는 구분 자체가 있을 수 없다고 역설했다. '언言(=말)'과 '의意(=뜻)'는 불가분의 관계이므로 의역이 동시에 직역도 되어야 한다는 것이다. 그에 따르면 이상적인 번역이란 '매끄럽고 문맥이 잘 통하는 직역'이다.

> 소위 '직역'이라 함은 원문의 표층 구조에 따라 축자적으로 번역하는 것이며 자구字句의 순서도 그대로 유지해야 한다. 그에 반해 '의역'은 원문의 뜻을 도착어로 재표현해내는 것으로 원문의 글자와 순서에 너무 얽매이지 않아도 된다. '직역'이 원문에 대한 충실성에 치중하는 방식인 반면 '의역'은 번역문의 매끄러움에 치중하는 방식이라는 것이 정설이다. 둘 중 어느 방식이 더욱 타당한지를 둘러싸고 역사적으로 치열하고 지리한 논쟁이 이어져 왔다. 나는 직역과 의역의 구분 자체가 없어야 한다고 본다. 충실한 번역은 원문의 뜻을 최대한 표현해내야 한다. 사상과 정서, 언어는 모두 변하는 것이다. 하나의 의미는 단 하나의 표현법이 있을 뿐이며 표현법을 바꾸면 의미도 완전히 달라진다. 따라서 원문의 의미를 최대한 표현해내려면 원문의 문장 구조를 되도록 그대로 보존해야 한다. 그러므로 직역이라고 해서 의역이 아니라고 할 수 없으며, 의역이라고

해서 직역이 아니라고 할 수 없다. 그럼에도 우리는 중국과 서양의 언어 습관 차이를 감안해 원문의 내포 의미와 스타일을 최대한 보존하되 자연스럽게 읽히는 중국어 번역문을 생산해야 한다. 즉, 서양의 문체 스타일을 그에 상응하는 중국어 문체 스타일로 대체하면서 원문의 함의를 최대한 드러낼 수 있어야 진정한 '직역'이라고 할 수 있다. 결국 가장 이상적인 번역은 문맥이 잘 통하는 매끄러운 직역이다.

주광잠이 번역한 헤겔의 『미학』은 소위 '문맥이 잘 통하는 매끄러운 직역'의 원칙을 적재적소에 활용한 전형적인 작품이다. 추상적인 원리와 현학적인 문체 일색인 이 책은 원문의 이해는 물론 번역 또한 난해하고 까다로운 작품이다. 헤겔의 미학 원리는 그의 모든 철학 체계를 기반으로 정립된 것이기 때문에 『미학』을 번역하려면 헤겔 철학에 대한 전반적인 이해가 필수적이다. 또한 헤겔의 언어는 스콜라학파 특유의 복잡하고 추상적인 스타일을 띠고 있어 이치의 설명이 매우 심오하고 현학적이다. 주광잠은 이러한 원작에 대해 의역이 아닌, 문맥이 잘 통하는 매끄러운 직역 방식을 채택했다. 즉, 번역문의 명료성과 가독성을 추구하되 원문 텍스트 중에서 이해하기 어려운 부분은 원문 그대로 직역한 후 필요한 주석을 병기하고 자신이 이해한 바를 덧붙였다. 이는 기존의 영역본들이 의역의 과정에서 일부 원문의 뜻을 왜곡해왔던 실수를 되풀이하지 않기 위함이었다. 주광잠의 『미학』 번역본이야말로 그의 번역철학을 가장 실질적으로 보여준 사례라 할 수 있다.

3. 주광잠의 번역예술론

"'마음을 따르되 법도를 거스르지 않는 것'이야말로 모든 예술의 최고 경지이다"

주광잠은 「문학을 말하다談文學」라는 글에서 예술의 본질과 번역을 예술로 보는 이유에 대해 상세하게 설명한 바 있다.

> 예술art의 본뜻은 '인위人爲'이며, 자연自然은 인위적이지 않은 것이다. 따라서 예술과 자연은 대립적인 위치에 있다. 자연은 예술이 아니고 예술은 자연이 아니다. 예술이 '인위적'이라 함은 '창조적'이라는 것과 다를 바 없다. 창조 역시 무에서 유를 만들어내는 것이 아니라 반드시 본질이 있어야 하며 자연이 바로 예술의 근본이다. 예술은 자연에 근거해 담금질과 다듬질을 거친 후 선택, 안배되는 것인 만큼 일종의 초자연의 경지이다. 다시 말해서 자연은 작가의 영혼을 통해 내부적으로 정교한 구상을 거쳐야만 비로소 예술로 변할 수 있는 것이다.

여기서 예술과 자연의 관계는 번역과 원작의 관계와 일맥상통한다. 번역의 예술이 인위적이고 창조적이라고 한다면 원작은 바로 번역의 근본이다. 번역가는 규칙을 넘지 않는 선에서 마음대로 기교를 구사할 수 있으며 이로써 번역문이 완성도 높은 성숙의 경지에 도달할 수 있도록 해야 한다. 이것이 곧 주광잠이 말하는 '번역예술론'의 골자이다. '마음을 따르되 법도를 거스르지 않는다從心所欲不踰矩'라는 공자의 가르침이 중국 전통 번역사상의 정수를 한마디로 대변해주고 있다.

"문학가만이 문학 작품 번역을 능히 소화할 수 있다"

번역은 단순한 개조나 모방이 아닌 일종의 '재창조' 작업이다. 특히 문학 작품의 경우는 더더욱 그렇다. 문학 작품의 번역은 기계적으로 옮기는 번역과는 차원이 다른 하나의 예술이다. 이는 곧 번역가가 작가로서의 재능을 겸비해야 한다는 뜻이기도 하다. 번역예술은 그 자체의 고유적 특성을 지닌다. 하지만 현실적으로 작가와 번역가 간에는 많은 차이가 존재하게 마련이다. 시詩 번역가는 시인이어야 하고 문학 작품의 번역가는 문학가이어야 한다. 이에 대한 주광잠의 견해는 아래 대목에 잘 나타나 있다.

> 좋은 번역은 창작이어야 한다. 문학 작품은 언어를 매개로 그 저변의 정서와 사상이 표현되고 언어를 통해 정신세계의 깊고 심오한 면이 표출되기 때문이다. 감정이나 생각이 반영된 언어의 결정체가 완성되기까지 작가는 오랫동안 고심하고 심혈을 기울인다. 정련되고 적절한 언어가 완성되어야 작품의 가치도 높아진다. 번역자도 이 같은 과정을 거쳐야 한다. 우선 작가의 입장이 되어 작가의 내면을 꿰뚫어보고 그들과 같이 느끼고 생각해야 하며, 똑같은 인고의 과정을 거쳐 그 느끼고 생각한 바를 언어로 응집시켜야 한다. 다른 점이라면 작가가 자신의 모국어로 정신세계를 표현해낸 데 반해 번역자는 이러한 정신세계와 언어 결정체를 이해한 후 그것을 도착어 언어로 이식함으로써 도착어와 원문의 정신세계가 어우러진 새로운 작품을 완성시켜야 한다는 것이다. 이러한 이유로 번역은 직접 글을 쓰는 것보다 어렵다. 또한 그렇기 때문에 문학가만이 문학 작품 번역을 능히 소화할 수 있다.

문학가만이 문학 작품 번역을 소화할 수 있다는 주광잠의 견해는 결국 미학자만이 미학 저서를 번역할 수 있다는 입장으로 이어진다. 이것이 바로 '관심 있는 분야의 번역을 해야 한다'라는 그의 번역 원칙이다. 주광잠은 평생 미학 연구와 미학 관련 저서의 번역 작업에 몰두했다. 그에 따르면, 번역 작업(특히 이론 저서의 번역)은 반드시 과학적 연구를 기반으로 해야 번역할 내용에 대한 감이 발휘될 수 있다. 그는 번역 작업을 할 때 원문과 번역문이 외형은 물론 본질에서도 합치되어야 한다고 강조했다. 번역은 엄숙한 작업이며 어떤 면에서는 창작보다 더 어렵다는 것이 그의 생각이다. 출발어와 도착어에 모두 능해야 할 뿐만 아니라 관련 전문 지식에도 능통해야 하기 때문이다. 그저 있는 그대로 모방하는 데 그친다면 '번역 기술자'에 불과하다. 번역은 창조성을 지녀야 하며 외형적으로는 물론 본질적인 면에서도 원작과 일치해야 한다. 원작에 내재된 실질적인 정신을 도착어 독자들이 수용 가능한 형식으로 충실하게 표현해내야 하는 것이다.

4부

중국 번역사상의 전성기

문학 번역의 대가 모순

열렬한 애국주의 문학 번역가 부뢰

번역의 예술적 재창조를 지향한 문학가 전종서

번역의 '전체론'를 주창한 희곡 번역가 초국은

문학 번역의 대가 모순

모순茅盾(Mao Dun, 1896~1981)은 현대 중국의 진보적 문화 발전을 이끈 선구자이며 중국 내에서뿐만 아니라 외국에까지도 널리 알려진 혁명 문학가, 문화 운동가, 사회 활동가이자 훌륭한 번역가이다.

모순은 생전에 다수의 문학 작품을 번역했을 뿐만 아니라 창작 문학 작품도 적지 않다. 그의 작품은 영어, 프랑스어, 독일어, 러시아어, 이탈리아어, 스페인어, 일본어, 한국어, 몽고어 등 다수의 언어로 번역되어 미국, 영국, 독일, 프랑스, 러시아, 체코, 루마니아, 뉴질랜드, 네덜란드, 아이슬란드, 일본, 한국, 몽고, 그리고 라틴아메리카의 여러 나라 등 많은 국가에서 출판되었다. 따라서 모순은 '중국의 모순'만이 아닌 '세계의 모순'이라고 할 수 있다. 그가 평생을 바쳐 쌓은 업적과 그의 번역사상은 역사에 길이 남을 것이다. 여기서는 번역가로서의 모순을 집중 분석해보고자 한다.

1. 모순의 문학 번역

모순은 절강성浙江省 통향시桐鄉市 오진烏鎭 출신으로 본명은 심덕홍沈德鴻, 자는 안빙雁氷, 연창燕昌이다. 모순은 필명으로 이 외에 방벽方壁, 현주玄珠, 랑손郞損, 패위佩韋, 풍허馮虛, 석맹石萌, 포뢰蒲牢, 동방미명東方微明 등을 필명으로 썼다. 모순은 학자 가문에서 태어났다. 그의 할아버지 심은배沈恩培와 아버지 심용석沈永錫 모두 수재秀才에 급제했으며 아버지는 유신 사조의 영향을 깊이 받은 유신파 인물이다. 그의 어머니는 명망 높은 중의中醫 가정에서 태어난 교양 있고 현명한 여인으로 고전 문학에 조예가 깊었다. 어머니는 모순의 '첫 계몽 선생'이었다. 모순은 어릴 적 어머니의 가르침을 회상하며 "어려서 아버지를 여의었기 때문에 어머니는 아버지의 역할까지 도맡으셨다. 비록 엄하긴 하셨지만 자식을 위한 마음은 한결같으셨다." 또 "어머니에게 주로 역사와 시를 배웠는데 연말에는 항상 시험을 봤다"(시 〈자서自述〉)라고 회고한다. 고향 우전에서 소학교(초등학교)를 마친 후, 호주부중학당湖州府中學堂, 가홍부중학당嘉興府中學堂에서 공부했고 신해혁명이 끝난 뒤 항주 안정중학安定中學으로 전학했다. 중학교에서 공부하는 4년 동안 중국 고전 문학의 기초를 탄탄히 쌓았으며 1913년에 북경대학 예과豫科에 합격했다. 그 뒤 3년 동안 외국어에 매진해 외국어 지식도 쌓았다.

1916년 졸업 후에는 상무인서관商務印書館 편역소編譯所 영문부英文部에서 일을 하다가 얼마 지나지 않아 국문부國文部로 옮겼는데 이때부터 문학 연구와 번역 활동을 시작했다. 모순의 최초 번역 작품은 손육수孫毓修와 공역한 『의衣』, 『식食』, 『주住』이다. 그의 첫 번째 저서는 1917년에 출간된 『중국우언초편中國寓言初編』으로 이 책은 중국 최초의 우화집이다. 모순이 상무인서관에서 일하기 시작한 첫 해는 5·4운동이 막 시작되려던 시기였다. 당시 『신청년新青年』을 무대로 '민주와 과학'을 슬로건으로 내건 신문화운동新文化運動이 활발히 전개되고 있었다. 1918년 모순은 『학생잡지學生雜誌』에 「1918년의 학생一九一八年之學生」이라는 글을 발표하는데 이를 계기로 '혁신, 창조, 분투' 정신을 주창하며 '민주와 과학'의 시대적인 사조에 발맞춰 신문화운동의 선두에 서서 운동을 이끌었으며 신문화운동과 신문학혁명운동新文學革命運動의 적극적인 옹호자가 되었다. 『신청년』의 영향을 많이 받았던 모순은 자신의 외국 문학 논평 처녀작인 「톨스토이와 오늘날의 러시아托爾斯泰與今日之俄羅斯」(1919)라는 장편의 논문을 쓴다.

5·4운동이 끝난 뒤, 모순은 본격적으로 외국의 문학 작품을 번역해 국내에 소개하기 시작했다. 1920년 정진탁鄭振鐸, 왕통조王統照, 엽성도葉聖陶 등 12명의 인사와 함께 중국 최초의 신문학 단체인 문학연구회文學研究會를 발족하고 '삶을 위한[爲人生]' 현실주의 문학을 제창했다. 모순이 편집을 맡았던 『소설월보小說月報』는 대대적인 개편을 단행해 외국 문학예술 이론, 외국 문학예술 사조 관련 작품을 대거 실었다.[1] 고전주의, 낭만주의, 현실주의, 자연주의, 신낭만주의에서 상징주의에 이르기까지 여러 유파를 다루었으며 특히 러시아 문학과 약소민족의 문학(당시의 북유럽, 동유럽, 남유럽의 일부 약소 국가와 민족의 작품)을 소개하는 데 많은 지면을 할애했다. 모순은 '러시아문학연구俄國文學研究'라는 제목으로

1 1909년에 창간한 『소설월보』는 한동안 봉건 사상과 매판買辦의식의 혼혈아인 '원앙호접파鴛鴦蝴蝶派' 사조를 중점적으로 다루었다. 이는 소시민 계층들 사이에서 큰 영향력을 갖고 있었으며 그 당시 신문화의 흐름을 반대하는 견고한 보루였다. 『중국현대작가평전中國現代作家評傳』 제1권 참조.

『소설월보』 특대호를 발행한 바 있다(러시아 문학 연구에 관한 번역문 24편과 29편의 문학 번역 작품 수록). 또한 『손해 입은 민족문학被損害民族文學』 특별호를 발행하기도 했는데 특별호의 서언에 "인성人性이라는 모래 속에는 반드시 금싸라기가 숨겨져 있을 것이고 우리 앞을 가로막고 있는 저 암흑의 뒤편에는 반드시 광명이 있을 것이라고 굳게 믿는다"라고 썼다. 상무인서관에서 10년 가까이 일하는 동안 모순은 편역소라는 유리한 조건을 이용해 문학연구회와 『소설월보』를 무대로 노신과 함께 외국 문화의 소개에 앞장섰다. 이를 통해 중국의 옛 문화에 새로운 생명을 불어넣는 데 큰 공헌을 했으며 중국 신문학 현실주의 유파의 이론 구축에 탄탄한 기반을 마련했다. 모순은 신문학의 개척자이자 구축자이다.

노신 및 곽말약과 마찬가지로 모순의 문학 창작 활동은 외국 문학을 번역하고 소개하는 것으로부터 시작되었다(이는 중국 현대 문학 개척자 및 구축자들의 공통점이다). 모순은 자신의 문학 활동에서 외국 문학을 번역하고 소개하는 데 가장 많은 시간을 할애했다. 항상 세계 문단의 발전에 관심을 갖고 외국의 우수한 작품을 대량으로 번역, 소개함으로써 중국 문학 발전에 적극적인 역할을 했다.

모순의 문학 번역 활동은 크게 세 시기로 나눌 수 있다.

초기는 신문학운동의 첫 10년의 시기를 말한다. 삶을 위한 문학을 제창하면서 외국 문학 작품을 번역, 소개하기 시작한 모순은 이 시기에 현실주의 작품과 상징주의 작품을 포함한 다수의 근대 외국 문학 작품을 번역했다. 1919년 안톤 체호프Anton Chekhov의 단편 소설 「집에서」를 백화문으로 번역했는데 이는 모순의 첫 백화문 번역 작품이다. 1920년에는 체호프의 『주인과 하인他的僕』, 『일몰日落』, 『반카萬卡』, 막심 고리키Maksim Gorikii의 『애인情人』, 기 드 모파상Guy de Maupassant의 『한 줄의 현一段弦線』, 헨리크 입센Henrik Ibsen의 희곡『사회의 기둥社會柱石』(*Pillars of Society*)을 번역했고, 1925년에는 스페인의 극작가 하신토 베나벤테Jacinto Benavente의『베타벤테 희곡집陪那文德戲曲集』을, 1928년에는 스페인 출신 에두아르도 자마소이스Eduardo Zamacois의『그들의 아들他們的兒子』(*Their Son*), 헝가리 작가 모르나르 등의『눈사람雪人』,[2] 그리스 출신 작가 코스티스 팔라마스Kostis Palamás가 쓴『한 사람의 죽음一個人的死』 등을 번역했다. 또한 근대 유럽의 유명 사실주의 작가에 대해 평가하고 그들을 소개하면서 문학은 반드시 자기 민족의 사상과 생활상을 반영해야 한다고 주장했으며,『스코트 평전司格特評傳』과『대 뒤마 평전大仲馬評傳』등을 출간하기도 했다.

중기는 다음의 세 단계로 나뉜다.

첫 번째 단계는 신문학운동의 두 번째 10년의 시기를 말한다. 이 시기에 모순은 주로 소련의 사회주의, 현실주의 문학 작품을 대거 번역해 소개했다. 대표적인 번역 작품으로 알렉산더 알렉산드로비치 파데예프Aleksandr Aleksandrovich Fadeyev의『회멸毁滅』, 알렉산드르 세라피모비치Aleksandr Serafimovich의『철의 흐름鐵流』, 그리고 니콜라이 티호노프Nikolai Semyonovich Tikhonov의『전쟁戰爭』이 있는데 모순은 이 책들을 직접 번역하면서 신사실주의를 중국 신문학의 발전 방향으로 삼았다. 그 밖에 1932년부터는 네미로비치 단첸코Nemirovich danchenko의『학력文憑』, 1934년에는 에밀 졸라의『백화점 여인의 행복百貨商店』, 1935년에는 터키의 하리드 등이 공저한『도원桃園』, 1936년에는 노르웨이의 벨른과 베르슨 등이 쓴『기억, 서간, 잡기回憶·書簡·雜記』, 그리고 1937년에는

2 헝가리 및 불가리아 등의 작가 10여 명의 작품 22편을 함께 엮었다.

루나카르스키의 『외국작가연구外國作家研究』 등 다수의 문학 번역 작품을 번역했다.

두 번째 단계는 중일 전쟁기로, 이 시기에 번역해 소개한 작품은 주로 소련의 보국전쟁과 관련된 문학 작품이다. 1943년 바프렌코의 장편 소설 『복수의 화염复仇的火焰』(원제 「러시아 이야기俄羅斯的故事」), 1945년에 그로스만의 장편 『인민은 영원하다人民是不朽的』 및 소보레프 등이 쓴 『푸른 목도리藍围巾』 등의 번역서를 출간했다. 모순이 이와 같은 작품을 번역한 목적은 소련 국민이 보국전쟁에서 보여준 혁명 영웅 정신과 고매한 인격 교육을 통해 중국 국민의 항일전쟁 의식을 고취시키기 위함이었다. 이 시기에 모순은 유명 번역가 과보권戈寶權과 함께 로스키의 전기소설 『고리키』를 공역했으며 고리키의 작품을 높이 평가했다.

세 번째 단계는 1946년부터 1949년까지로 신중국 수립을 앞둔 시기이다. 당시 모순은 애국민주운동에 적극 참여하면서 소련의 문학 작품 번역에 매진한다. 1946년 카타예프의 장편 『연대의 아들團的兒子』, 『대위 프하스로코프上尉伏哈什隆科夫』를 번역했고, 『소련애국전쟁 단편소설역총蘇聯愛國戰爭短篇小說譯叢』, 『현대번역소설선現代翻譯小說選』 등의 번역 작품집을 펴냈다. 그 외 번역작으로는 1947년에 나온 시모노프의 희곡 「러시아 문제俄羅斯問題」와 티호노프의 단편 소설 「사과나무蘋果樹」가 있다. 이때가 모순이 번역 활동을 가장 활발하게 했던 시기이다.

후기는 신중국 수립 시기이다. 모순은 신중국의 문화 및 예술 사업 분야에서 주류 흐름을 이끌며 외국 문학을 번역해 소개하는 데 보다 공을 들인다. 1954년 전국문학번역사업회의에서 '문학번역 사업의 발전과 번역 품질의 제고를 위한 투쟁爲發展文學翻譯事業和提高翻譯質量而斗争'이라는 제목으로 발표를 함으로써 신중국 번역 사업의 발전을 촉진시켰다.

이 시기에 「노신의 외국 작품 번역 및 소개의 정신을 배우자學習魯迅翻譯介紹外國文學的精神」, 「외국 문학 소개 및 연구를 위한 해법爲介紹及硏究外國文學進一解」 등의 논문을 발표하기도 했다. 1960년에는 노르웨이 작가 비에른스티에르네 비에른손Bjørnstjerne Bjørnson의 『비외른손 희곡집比昂遜戲曲集』을 번역했고 세상을 떠나기 1년 전인 1980년에는 『모순역문선집茅盾譯文選集』을 출판함으로써 그의 번역 인생에 마침표를 찍게 된다. 모순은 총 23개국 작가 40명의 작품을 번역했다.

모순은 훌륭한 외국 문학 번역가였을 뿐만 아니라 넓은 시야를 갖춘 외국 문학 전문가였다. 모순의 외국 문학 연구 활동은 외국 문학 작품의 번역과 함께 시작되었다. 그는 총 100여 명의 외국 작가를 국내에 소개했다. 여기에는 영국의 셰익스피어, 디킨스, 밀턴, 버나드 쇼, 프랑스의 루소, 발자크, 위고, 대 뒤마, 플로베르, 로맹 롤랑, 졸라, 모파상, 독일의 괴테, 실러, 이탈리아의 단테, 보카치오, 노르웨이의 입센, 덴마크의 안데르센, 러시아 및 소련의 톨스토이, 투르게네프, 체호프, 고리키, 그리고 미국의 여러 작가들이 포함된다. 1919년 한 해 동안 모순이 『근대희극가전近代戲劇家傳』을 통해 소개한 외국 작가가 34명에 달한다. 그는 자신이 편집을 맡은 『소설월보』에 '현대 세계문학가 전기現代世界文學家傳略'라는 칼럼을 만들어 외국의 문학가를 소개했다. 1928년부터 1936년까지 '방벽', '현주'라는 필명으로 『유럽전쟁과 문학歐洲大戰與文學』(1928), 『소설연구 ABC小說硏究ABC』(1928), 『유럽 문학가 6인六個歐洲文學家』(1929), 『기사문학 ABC騎士文學ABC』(1929), 『현대문학잡론現代文學雜論』(1929), 『서양문학통론西洋文學通論』(1930), 『그리스문학 ABC希臘文學ABC』(1930), 『북유럽신화 ABC北歐神話ABC』(1930), 『중역서양문학명저漢譯西洋文學名著』(1930), 『세계문학명저강의世界文學名著講話』(1936) 등 많은 외국 문학 관련 논저를 펴냈다. 모순은 특히 『중역서양문학명저』와 『세계문학명저강의』를 통해 호머의 서사시에서부터 19세기 서양의 문학 명저 39편을 체계적으로 소개하고 있다. 또한 『근대 문학의 면면近代文學面面觀』(1929)에서는 덴마크, 노르웨이, 아이슬란드, 네덜란드, 독일, 오스트리아, 포르투갈, 유고슬라비아 등의 현대 문학과 히브리 시가 등을 소개하고 있다. 그는 유럽 문학예술 사조에 대한 종합적이고도 체계적인 소개를 통해 중국의 봉건 문화를 반대하고 신문학을 제창하는 데 주요 사상적 무기를 제공했다. 1980년 『세계문학명저잡담世界文學名著雜談』의 출간을 끝으로 모순은 길고 긴 외국 문학 연구 생애를 마감했다.

모순은 외국 문학 작품을 번역하면서 외국 문학의 우수성을 흡수함과 동시에 이를 중화 민족의 우수한 전통과 접목시키고 혁신과 재창조를 거쳐 많은 불후의 명작을 남기기도 했다. 그가 쓴 중장편 소설 『식蝕』, 『자야子夜』, 『부식腐蝕』, 『2월의 꽃처럼 붉은 상엽霜葉紅似二月花』, 『단련鍛煉』, 그리고 단편 소설 「춘잠春蠶」, 「임씨네 상점林家鋪子」 등의 작품은 5·4운동 전야부터 해방 전까지의 중국 민주혁명을 기록한 대서사시를 이룬다. 이 같은 작품들은 멀리 해외에까지 전해졌으며, 관련 학계에서도 모순에 대한 연구가 이어지고 있다. 이처럼 모순의 문학 작품은 민족과 시대를 뛰어넘어 세계인의 공동 자산이 되었다.

이와 같이 모순은 세계적으로 명성이 높은 위대한 중국 문학가이며 번역가이다. 현재 주요 세계백과사전(『프랑스 라루스 대백과전서法國大拉魯斯百科全書』, 『영국 대백과전서英國大百科全書』, 『미국 20세기 문학백과전서美國20世紀文學百科全書』, 『소련 대백과전서蘇聯大百科全書』, 『대일본 백과사전大日本百科事典』 등)에 모순에 관한 소개가 공식 수록되어 있다는 사실만 봐도 세계 문학사에서 문학 거장 모순이 차지하는 위치가 어느 정도인지 가늠이 된다.

2. 모순의 번역 이론과 사상: 예술창조성번역론(의경론)

모순은 신문학운동의 선구자로 반세기에 걸쳐 세계 문화 교류 및 중국 문화 혁신을 위해 외국 문학의 번역에 힘을 쏟는 한편, 외국 문학을 번역, 소개하는 데 관한 목적과 원칙, 방법 등을 깊이 탐구했다. 모순은 외국 문학의 번역·소개 및 이에 대한 연구의 주요 목적은 바로 당시 서구에서 유행하는 사상을 널리 전파하고 예술적인 귀감을 얻고자 함이라고 생각했다. 그는 「신문학 연구자의 책임과 노력新聞學硏究者的責任與努力」이라는 글에서 "서양 문학을 소개하는 목적의 반은 그들의 문학과 예술을 소개하기 위함이고, 또 다른 반은 세계의 현대 사상을 소개하기 위함이다. 사실 후자가 더 주된 목적이라 할 수 있다"라고 주장했다. 모순은 외국의 작품을 번역, 소개할 때 "정수만 추려 널리 활용하는[取精用宏]" 방식을 따랐으며 중국의 민족적 특징이 뚜렷한 중국 신문학 창작을 궁극적인 목표로 삼았다.

모순의 번역 이론과 번역사상의 형성 및 발전은 중국의 전통 번역사상에 깊이 뿌리를 박고 있다. 이는 두 시기로 나눠볼 수 있다.

첫 번째 시기는 5·4운동 전후의 시기로, 1921년부터 1937년까지 모순은 노신, 구추백, 곽말약과 함께 당시 번역계의 문제점을 신랄하게 비판하며 대량의 번역 논문을 통해 자신의 번역 이론과 사상을 피력했다. 모순은 「신문학 연구자의 책임과 노력」(1921), 「문학서 번역 방법에 관한 토론譯文學書方法的討論」(1921), 「'직역'과 '사역' '直譯'與'死譯'」(1922), 「시 번역에 관한 의견譯詩的一些意見」(1922), 「'매파'와 '처녀' '媒婆'與'處女'」(1934), 「직역, 순역, 오역直譯, 順譯, 誤譯」(1934), 「〈제인에어〉의 두 가지 번역본: 번역 방법에 대한 연구〈簡愛〉的兩個譯本 — 對於翻譯方法的硏究」(1937)

등의 글을 발표함으로써 당시 쟁점이었던 '직역과 의역', '신, 달, 아', '번역과 창작' 등의 논제에 예리한 식견을 내놓았다.

두 번째 시기는 신중국 수립기로, 그의 번역 이론 및 사상은 「문학번역사업의 발전과 번역 품질의 제고를 위한 투쟁」(1954)과 「모순역문집·서茅盾譯文集·序」(1980)를 통해 종합적이고 체계적으로 소개된다.

신운설神韻說

모순은 중국 근대 번역사에 있어서 최초로 '신운설'을 제기한 인물이다. 1921년 2월 발표한 「신문학 연구자의 책임과 노력」이라는 글에서 "문학 작품의 가장 중요한 예술적 특징은 바로 작품의 '신운神韻'이다", "회색 색채의 문학을 붉게 번역해서는 안 되며, 낙담해 풀이 죽은 문학을 밝고 건강한 느낌의 문학으로 번역해서도 안 된다"라고 말하면서 번역문이 원작의 '신운(느낌)'을 그대로 살려내야 한다고 주장한다. 같은 해 4월 「문학서 번역 방법에 관한 토론」이라는 글에서는 '형식形貌'과 '신운'의 관계를 변증법적으로 분석하고 있다. 모순은 중국과 서양의 글이 다르기 때문에 번역을 할 때 발생하는 가장 큰 문제로 원작의 '형식'과 '신운'을 함께 전달할 수 없다는 점을 들었다. 원작의 느낌을 살리는 데 치중하면 원작과 동일한 형식을 유지하기 힘들고 형식에 치중하면 원작의 느낌을 제대로 살릴 수 없다. 다음은 '느낌'과 '형식'이라는 두 마리 토끼를 모두 잡을 수는 없는가에 대한 모순의 고민이 잘 드러나는 대목이다.

'신운神韻'과 '형식' 모두에 충실할 수 없다면, '신운'에 중점을 두어야 하는가, 아니면 '형식'에 중점을 두어야 하는가? 개인적인 판단으로는 '신운'을 잃고 '형식'만 유지하는 것보다는 '형식'이 조금 다르더라도 '신운'을 제대로 살리는 것이 낫다. 문학적 효용은 사람의 마음을 움직이는데 있다(예를 들면 동정심을 불러일으키거나 위인과 기쁨을 주는 것). 사람의 마음을 움직이는 힘은 '형식'보다 '신운'에 있다. 번역본이 원작의 '신운'을 제대로 살리지 못하면 사람의 마음을 움직이는 힘을 잃게 될 것이다. 사실 그간 관찰해온 바에 따르면, '형식'은 모방하기 쉬우나 '신운'을 살려내기란 참으로 어렵다. 설사 번역에서 '신운'에 각별히 신경을 쏟는다 하더라도 매번 뜻대로 되지 않는데, '형식'의 유사성에 치중한다면 '신운'을 살려내기란 기대하기 어렵다.

여기서 모순이 '형식'과 '신운'의 변증법적 관계를 깊이 꿰뚫고 있었음을 알 수 있다. '형식'과 '신운'은 상호 보완성을 띠면서도 상호 이율배반적인 관계이다. '형식'이 없다면 '신운'은 존재의 틀을 잃게 된다. '신神'은 언제나 '형形'과 함께 한다. 물론 양자는 주종의 관계로 언어 형식은 내용을 위해 존재한다.

모순은 형식과 신운에 관한 변증법적 사상을 평생 번역 원칙으로 삼았다. 60년이 흐른 후, 모순은 시 번역을 논하면서 신운에 대한 문제를 다시 한 번 언급한다. "신운이란 시에 있어 가장 중요한 것으로 시의 개성이다. 원 텍스트의 신운을 잃지 않는다면 기타 '운율'은 좀 달라도 무방하다. 더욱이 신운을 살려내는 것은 가능한 일이나 똑같은 운율을 유지하는 것은 불가능할 때가 많다"(「모순역문집·서」).

중국 번역사에 있어 많은 이들이 신운을 신비스럽게 여겨 도달하기 어려운 허무맹랑한 것으로 생각했다. 모순은 직역론자에 속했다. 모순의 직역론은 그가 주장한 현실주의 문학관 및 창작 기법과 직접적인 관계가 있다. '신운'이라는 용어는 모순이 처음 사용했는데, 그의 '신운'은 부뢰傅雷의 '신사神似', 전종서錢鍾書의 '화경化境', 곽말약의 '공명共鳴'과는 차이가 있다. 가장 큰 차이점은 '신운'을 전달하기 위한 구체적인 번역 방법을 제시했다는 것이다. "…… 이론적으로 보자면 '형식'과 '신운'은 서로 대립 관계에 있으면서도 어울린다. 형식을 구성하는 요소는 개별 어휘와 어조語調로 이들 요소가 텍스트의 느낌, 즉 '신운'을 표현해낸다. 글이 간결한 어조나 음조를 지닌 단순한 어휘로 구성된다면 대부분 질박한 신운을 갖는다. 반대로 어조가 길고 곧으며 어휘의 음조도 짧고 우렁차면 대부분 웅장한 신운을 지닌다. 십중팔구는 이와 같다. 그 이유는 선과 점의 위치 및 색채가 그림을 구성하는 주된 요소인 것처럼 어휘와 어조는 글을 구성하는 주요 요소로 색채의 조합과 점 선의 위치가 바뀌면 그림의 느낌 또한 달라지는 것과 마찬가지로 단어와 어조가 변하면 글의 신운 또한 크게 달라지기 때문이다. 원작의 신운을 그대로 살리고 싶다면 '어휘'와 '어조'에서 해법을 찾으면 된다. 만약 원문의 어휘 느낌을 그대로 유지한 상태에서 원작에 가까운 '어조'로 번역한다면 설사 '신운'에 특별한 주의를 기울이지 않더라도 원작의 '신운'은 자연스레 번역문에 녹아든다. 이렇게 볼 때, '신사神似(원문과 번역본의 신운이 비슷함)'나 '모사貌似'를 막론하고 문학 번역에 있어서 다음 두 가지 조건을 충족시킬 필요가 있다. 첫째, 어휘의 번역이 정확해야 한다. 둘째, 어조의 느낌이 비슷해야 한다." 이 말은 모순의 번역 원칙을 매우 분명하게 드러낸다. 즉, 그의 '신운'은 어휘와 어조로 이루어지는 것으로 이를 원작 그대로 번역한다면 원작의 '신운' 또한 자연스럽게 발현된다.

아울러 모순은 문학 작품의 '신운'은 작품의 의의와 풍격風格에서 나온다고 생각했다. 그는 "먼저 작품의 의의를 알고 특징을 파악해야만 원작의 참된 정신을 번역문에 담아낼 수 있다"(「신문학 연구자의 책임과 노력」)라고 말했다. 여기서 '참된 정신'이란 분명 '신운'의 또 다른 표현이다. 모순은 문학 작품의 풍격을 옮기기 위해 엄격한 요구를 제시했다.

> 중요한 것은 원작의 풍격을 번역해내야 한다는 것이다. 고골리와 고리키의 작품 풍격이 다르고, 같은 영국 출신이라도 조지 버나드 쇼와 존 골즈워디의 풍격 또한 다르게 마련이다. 물론 원작가의 풍격을 그대로 옮겨낸다는 것은 결코 쉬운 일이 아니다. 원작의 풍격에 맞는 문학적 언어를 사용해 원작의 내용과 형식을 정확하게 재현해내야 하니 말이다. 신과 달에 충실해야 할 뿐만 아니라 글이 아름다워야 한다. 이렇게 번역하려면 번역자의 창의력이 요구되며 원작의 형식에도 충실해야 한다. 문학 번역에 있어 이것이 최고의 요구이다. (『모순역문집·서』)

모순은 "번역자의 창의력이 요구되며 원작의 형식에도 충실해야 한다"라고 강조하면서 이를 통해 번역본이 '신사神似'의 경지에 도달해야 한다고 설파했다.

예술창조성번역론(의경론意境論)

1954년 모순은 전국문학번역사업회의에서 '문학번역사업의 발전과 번역 품질의 제고를 위한 투쟁'이라는 주제로 발표를 했다. 이는 20세기 전반부 중국 전통 번역사상의 종합이며 반세기에 걸친 모순 자신의 번역 생애 전반의 총결산이라고 할 수 있다. 특히 발제문 세 번째 장에서 그 유명한 예술 창작 번역사상을 언급하며 원작의 예술 정신, 즉 의경意境을 옮겨내는 것이야말로 문학 번역의 근본 역할임을 밝히고 있다. 모순은 중국 고전 미학의 백미인 의경을 문학 번역에 도입함으로써 '의경론'을 중국 문학 번역의 독특한 이론으로 정착시켰다(서양의 문학 및 번역 이론에는 엄밀한 의미에서 '의경'의 범주가 없다). 한 세대를 풍미할 만큼 영향력이 컸던 그의 주장을 살펴보면 다음과 같다.

> 문학은 언어로 쓰인 창작 예술이다. 문학 작품에 대해 우리가 기대하는 것은 사물의 개념이나 사건의 경위에 대해 기술하는 데 그치지 않고 독자의 예술 정신[意境]을 불러일으키는 것이다. 즉, 예술의 이미지를 통해 독자로 하여금 책 속 인물의 사상이나 행위에 대해 강렬한 느낌(감정)을 촉발시킬 수 있어야 한다. 문학 번역은 원작과 다른 언어로 원작의 예술 정신을 옮겨냄으로써 원작의 독자가 원작을 읽을 때 느꼈던 계시, 감동, 아름다움을 번역물의 독자가 느낄 수 있도록 하는 것이다.
>
> 이와 같은 번역을 위해서는…… 번역자가 원작의 언어적 껍데기를 통해 원작자의 예술 창작 과정을 깊이 이해하고 원작의 정신을 내 것으로 만들어 자신의 사상, 감정, 생활체험 등에 비추어 최적의 증거를 찾아낸 후, 원작의 풍격에 맞는 문학적 언어를 사용해 원작의 내용과 형식을 정확히 재현해내야 한다. 이러한 번역 과정에서 번역자와 원작자는 하나가 된다. 마치 원작자가 또 하나의 다른 언어로 자신의 작품을 쓰는 것과 같다. 이와 같은 번역을 위해서 번역자는 창의력을 발휘함과 동시에 원작의 의도를 충실히 반영해야 하는 바, 이는 마치 배우가 자신의 삶과 예술적 수양을 통해 극중 인물의 이미지를 창작하지만, 배우가 연

기한 인물은 시나리오 작가의 원래 의도에 100퍼센트 부합해야 하는 것과 같다.

모순의 '예술창조성번역론(의경론)'은 1921년에 발표한 '신운설'의 심화판으로 번역의 최고 경지를 뜻한다. 그렇다고 해서 결코 실현 불가능한 목표는 아니다. 모순은 "문학 번역의 최종 임무가 원작의 정신과 이미지를 그대로 복제해내는 것임을 감안한다면 예술 창작 번역은 반드시 필요하다. 유수의 세계 문학 번역 명작을 통해 볼 수 있듯이 그와 같은 번역은 실현 가능하다"라고 말했다. 모순의 이와 같은 설명은 '신운'에 대해 사람들이 막연히 갖고 있던 신비감을 거두기에 충분했다.

하지만 '예술 창작 번역'을 구현하려면 번역자에게 깊고 풍부한 삶의 경험이 있어야 한다. 문학 작품은 삶에 대한 묘사이다. 번역자도 작가와 마찬가지로 삶의 경험이 풍부해야 한다. 번역자의 경험이 풍부할수록 다른 나라, 다른 시대 사람들의 삶에 보다 쉽게 접근하고 이를 이해할 수 있다. 따라서 문학 번역 종사자에게 있어 다양한 삶에 대한 폭넓은 체험은 매우 중요하다.

'예술 창작 번역'을 구현하기 위해서는 번역과 연구가 유기적으로 접목되어야 한다. 번역의 성과는 연구의 성과이기도 하다. 따라서 모순에 따르면 "작품을 번역할 때는 원작에 대한 진지하고 과학적인 연구를 통해 원작의 시대적·사회적 배경과 원작이 묘사하는 생활환경, 작가의 사상과 창작 스타일을 정확하게 분석해야 한다." 모순은 외국 문학을 번역, 소개하는 일과 연구를 병행했는데 「문학서 번역 방법에 관한 토론」에서 번역과 연구의 병행에 관해 다음과 같이 언급한 적이 있다. "(1) 문학서를 번역하는 사람은 반드시 문학 연구자이어야 한다. (2) 문학서를 번역하는 사람은 반드시 신사상新思想을 이해하는 사람이어야 한다. (3) 문학서를 번역하는 사람은 반드시 창작의 재능이 있어야 한다."

'예술 창작 번역'을 구현하기 위해서는 또한 번역자의 언어 운용 능력을 강조해야 한다. 훌륭한 번역자는 외국어로 된 글을 읽으면서 자국어로 생각하고 상상한다. 그래야만 원문의 어법과 어휘의 특수성에 기인한 간섭을 최소화함으로써 순수한 모국어로 외국 작품의 내용과 풍격을 충실히 전달할 수 있다. 또한 모순은 "기계적으로 직역하는 방법도 물론 바람직하지 않지만 그렇다고 원문의 문법 구조와 어휘 용례를 철저히 파괴한, 지나치게 자유로운 번역도 찬성할 수 없다. 원문 형식의 특수성을 감안해서 최대한 순수 중국어로 번역하는 것, 이와 같은 번역은 충분히 가능하며 또 반드시 필요하다고 생각한다"라는 말로 지나친 직역과 지나친 의역에 반대했다. 이와 같은 조건을 다 갖추어야 진정한 '예술 창작 번역'이다.

번역과 창작 병중론

모순이 활동했던 시기에는 번역을 그림 모사와 별반 다르지 않은 단순 작업으로 여기는 사람들이 대부분이었다. 번역자는 결코 창작가가 될 수 없고 번역가로만 불려야 한다고 생각했다. 심지어 창작은 '처녀'와 같다고 추켜세우는 반면, 번역은 '매파媒婆'에 비유하면서 폄하하는 사람도 있었다. 이와 같은 선입견은 중국의 번역 사업 발전에 큰 걸림돌로 작용했다. 이러한 분위기를 바꾸기 위해 모순은 여러 차례 기고문을 통해 반박 의견을 발표했으며 "번역과 창작은 동등하게 중요하다"라는 이론을 내놓았다. 또한 "현재 중국 문단에서 가장 활발하게 이루어지고 있으며 또 문학의 발전에 가장 큰 영향을 미칠 수 있는 것은 바로 번역이다. 중국 번역가의 책임이 얼마나 막중한가!"라고 하면서 번역의 중요성을 강조했다.

> 번역의 어려움은 실로 창작 못지않다. 오히려 창작보다 더 어렵다고 할 수 있다. 첫째, 작품을 번역하려면 먼저 작가의 사상을 이해해야 한다. 그리고 나서 원작의 아름다움을 피부로 느껴야 한다. 물론 이것만으로는 부족하다. 원작 속에 들어가 작품 속의 인물들과 함께 울고 웃어야 한다. 이와 같은 과정을 거쳐 원작을 철저히 곱씹어보고 이해를 하고 나면 또 두 번째 조건을 갖추어야 하는데 그것은 바로 원작의 풍격을 잘 표현해낼 수 있는 글재주가 있어야 한다는 것이다.
>
> 대다수의 번역자는 창작자와 마찬가지로 두 개의 단계를 거치게 된다. 초기에는 번역이 쉬운 일이라고 생각한다. 그러다가 몇 권의 책을 번역해보고 나서야 번역의 어려움이 무엇인지 깨닫고 결코 쉽지 않은 일임을 인식한다. 원작이 유명한 작품이라면 처음 읽을 때에는 번역하기 어렵지 않을 것 같다가 두 번 읽으면 어렵게 생각된다. 세 번, 네 번 읽고 나면 아예 번역할 엄두를 잃게 될 것이다. 그 이유는 자세히 읽을수록 원작의 우수성을 더 잘 알게 되고 그러다 보면 번역도 자연스레 더 어렵게 느껴지기 때문이다. (「'매파'와 '처녀'」)

훌륭한 문학가인 동시에 뛰어난 번역가이기도 한 모순은 번역과 창작의 즐거움과 괴로움[甘苦]을 논할 자격이 충분한 인물이다. 모순의 한 마디 한 마디는 다양한 경험 속에서 우러나온 말이다. 사회적 책임을 느끼는 번역가라면 모순의 충고를 가슴에 새기고 '예술 창작 번역'을 실천하기 위해 노력함으로써 더욱 양질의 번역 작품을 선보여야 한다.

'신운설'과 '번역과 창작 병중론'은 모순의 '예술창조성번역론'의 양대 산맥이다. '예술창조성번역론'은 번역 이론을 단순히 언어학적인 측면으로만 바라보던 전통적 사고방식을 바꾸어놓았으며 번역에 적용되는 문학 및 미학적 기준을 명확히 제시했다. "번역 이론은 언어학적 문제일 뿐만 아니라 문학적인 문제이기도 하기 때문이다"(소보레프, 『문학작품 번역문제文學作品翻譯問題』). 모순의 번역 이론 및 사상은 중국 전통 번역사상을 기초로 한 새로운 창작이며, 이는 다시 전통 번역사상의 발전을 견인함으로써 중국 전통 번역사상의 황금기를 구가하는 데 지대한 영향을 미쳤다.

신중국 수립 초기에 문화계를 이끌었던 모순의 번역사상은 중국 내 외국 문학 번역 사업의 지도 이념으로 자리매김했다. 모순의 번역 이론은 신중국 번역 사업의 발전을 촉진했으며 수많은 번역자를 길러냈다.

모순은 일생을 중국 국민과 중국의 문학 번역 사업을 위해 헌신했다. 모순이 남긴 풍부한 문화유산을 계승하고 이를 연구하는 것은 중국의 번역 이론 구축에 매우 중요한 의의를 갖는다.

열렬한 애국주의 문학 번역가 부뢰

부뢰傅雷(Fu Lei, 1908~1966)는 예술에 대한 깊은 조예와 뛰어난 번역 작품으로 한 세대를 풍미한 중국 번역계의 거장이자 정직한 작가요 엄격한 예술가이자 교육자였다. 20세기 중국 번역사에서 부뢰와 그가 남긴 수많은 역작들, 그리고 그의 심오한 번역사상은 문학적 풍격과 인품이 조화를 이루며 일종의 문학 현상으로 자리 잡았다. 부뢰의 숭고한 인격이 그의 뛰어난 예술 작품을 빚어냈다고 할 수 있다. 부뢰는 탁월한 인격과 문학적 풍격으로 중국 번역사에서 기념비적인 업적을 남긴 인물이라는 평가를 받고 있다.

1. 열렬한 애국주의 번역가: 부뢰의 문학 번역

부뢰는 강소성江蘇省 남회구南滙區 어담향漁潭鄉 출신으로 본명은 노안怒安이며, 필명은 질풍疾風, 신우迅雨, 이산移山 등이다. 그는 어려서부터 총명했으며 배움을 게을리하지 않았다. 일곱 살 때 두남공斗南公으로부터 사서오경을 배워 어린 시절부터 고문의 기초를 다졌으며, 1921년 상해 서회공학徐滙公學에 입학해 학교에서 필수 외국어로 지정한 프랑스어를 공부했다. 부뢰는 3년도 지나지 않아 프랑스어 기초를 다진 후, 1924년 상해 대동대학大同大學 부속 중학 고등부로 전입했다. 17세에 이미 문학적 재능을 보이기 시작한 부뢰는 당시 영향력 있는 잡지인 『북신주간北新週刊』, 『소설세계小說世界』에 단편 소설 「꿈속에서夢中」, 「기억의 한 장면回憶的一幕」을 발표한다. 이 작품들은 미숙한 부분이 있기는 하지만 작품에 사용된 화려하고 다채로운 어휘를 통해 소년 부뢰가 문학 언어를 연마하기 위해 기울인 노력을 엿볼 수 있다.

1927년 어린 시절부터 문학을 사랑했던 부뢰는 멀리 프랑스로 유학을 떠나 프랑스 문학에서 문학적 자양분을 섭취하고 다양한 분야의 책을 읽어 정신적 양식을 쌓았다. 그는 프랑스에서 유학하는 4년 동안 대량의 미학, 음악, 문학 관련 서적을 탐독했다. 1931년 유명한 화가인 류해속劉海粟과 함께 이탈리아를 방문한 부뢰는 미켈란젤로 부오나로티Michelangelo Buonarroti와 라파엘로 산치오Raffaello Sanzio 등 세계적인 예술 거장들의 작품을 접하게 된다. 그는 이탈리아 여행을 통해 르네상스 시대 거장들의 예술적인 풍격을 이해하고 예술에 대한 안목을 넓힐 수 있었다. 또한 미켈란젤로의 불굴의 창작 정신에 큰 감명을 받았는데, 이는 부뢰가 미켈란젤로의 위대한 정신을 널리 알리기 위해 노력하는 계기로 작용했다. 부뢰가 이탈리아에서 돌아온 지 얼마 되지 않아 곧바로 미켈란젤로의 작품 소개에 뛰어들고 그의 전기 번역에 착수한 이유도 바로 이 때문이다. 1931년 로마로 떠나기 전, 부뢰는 이반 투르게네프Ivan Sergeevich Turgenev를 포함한 몇몇 작가들의 산문시 몇 수와 로맹 롤랑Romain Rolland의 3대 위인전 가운데 하나인 『베토벤의 생애貝多芬傳』

를 번역했다. 같은 해 9월, 부뢰는 23세의 젊은 나이로 류해속, 황빈홍黃賓虹, 장대천蔣大千, 반옥량潘玉良, 장조화蔣兆和, 류해야劉海若 등 중국 최고의 인재들이 대거 포진해 있는 상해미술전문학교上海美術專門學校 교수로 초빙되어 미술사와 프랑스어를 가르쳤다. 1933년 가을, 그는 상해미술전문학교를 그만두고 전문 번역가의 길을 선택해 프랑스 문학 작품의 번역에 전념했다. 이때부터 33년에 걸친 그의 문학 번역 인생이 시작된다.

번역가 루적이樓適夷(1905~2001)는 부뢰의 인생을 언급하며 그가 전문 번역가의 길을 선택하게 된 이유를 다음과 같이 회고했다. "부뢰는 예술적 조예가 상당히 깊었다. 동서고금을 막론하고 문학, 회화, 음악 등의 분야에 해박한 지식을 가지고 있었다. 그는 청년 시절 프랑스에서 예술 이론을 전공하고 귀국한 후 미술고고학 연구와 미술 교육에 종사한 바 있으나 그 기간은 매우 짧았다. 세속적인 분위기와는 거리가 멀었던 탓에 다른 사람들과 어울려 일을 하지 못하고 매번 중간에 일을 그만두었다. 이 때문에 그는 재능을 펼칠 기회를 얻지 못하고 결국 번역가의 길을 선택하게 된 것이다." 이듬해 3월, 부뢰는 롤랑의 3대 위인전 가운데 나머지 두 작품인 『미켈란젤로의 생애米開朗琪羅傳』와 『톨스토이의 생애托爾斯泰傳』를 번역했다. 그는 노안이라는 이름으로 롤랑에게 두 차례에 걸쳐 서신을 보냈다. 부뢰는 경은어敬隱漁, 양종대梁宗岱에 이어 중국인으로서는 세 번째로 롤랑과 편지 왕래를 한 인물이다. 이는 중국과 프랑스의 문화 교류 역사에서 의미 있는 일이라고 할 수 있다.

부뢰는 중일전쟁 기간에 앙드레 모루와Andre Maurois의 『인생의 다섯 가지 문제人生的五大問題』, 『연애와 희생戀愛與犧牲』, 『볼테르 전기服爾德傳』, 버트런드 러셀Bertrand Russell의 『행복의 정복幸福之路』, 발자크의

『알베르 사바류스亞爾培·薩伐龍』(*Albert Savarus*), 『고리오 영감高老頭』 등을 번역했다. 1936년 시작한 롤랑의 명작 『장 크리스토프約翰·克利斯朵夫』의 번역을 1939년 완성했으며, 1942년에는 『베토벤의 생애』를 재번역했다. 그가 중일전쟁이라는 특수한 시기에 이와 같은 작품을 번역한 의도는 이러한 작품을 통해 전쟁의 환란 속에서 신음하는 민중을 일깨워 국가와 민족의 앞날을 위해 결사 항전할 것을 독려하기 위함이었다.

열렬한 애국자였던 부뢰는 의식적으로 자신의 번역 활동을 국가와 민족의 운명과 결부시켰다. 그는 그리스 신화의 프로메테우스가 인간에게 불을 가져다주었듯이 중국 국민들에게 흉악한 침략자들을 무찌를 수 있는 불씨를 제공해주었다. 문예 활동을 숭고하고 신성한 일이라 여겼던 부뢰는 언제나 열과 성의를 다해 번역 활동에 임했다. 또한 1944년 겨울, 중일전쟁이라는 암울한 시기에 강춘방姜椿芳, 주후량周煦良, 전종서錢鍾書, 양강揚絳, 루적이, 이평심李平心 등과 2주에 한 번씩 모임을 가지며 폭넓은 사회 현실로 시선을 돌리고 시국 정세에 많은 관심을 기울였다. 1945년에는 주후량과 함께 반월간지 『신어新語』를 창간해 정치 평론을 발표하기도 했다. 이는 부뢰가 처음으로 서재를 박차고 나와 사회와 인생 앞에 정면으로 마주한 일이었다.

부뢰는 예술성과 도덕성을 겸비한 훌륭한 인격을 지닌 예술가상을 제시했다. "사람이 되는 것이 먼저고 예술가는 그 다음이다", "학문이든 예술이든 가장 중요한 것은 'human'이다. '사람'이 발전하기 위해서는 전문가가 되기 전에 먼저 사람이 되는 법을 배워야 한다. 그렇지 않으면 아무리 고명한 전문가라고 하더라도 그런 사람은 인류를 위해 공헌할 수 없는 법이다." 그는 이처럼 사람이 되는 것이 가장 중요하다고 주장했다. "사람은 태양 아래서 살아간다. 태양으로부터 빛과 열을 받은 만큼 응당 그것을 다른 사람에게도 전해주어야 한다."

부뢰 평생의 공로는 프랑스 문단의 거장 롤랑과 발자크, 프로스페르 메리메Prosper Mérimée의 명작을 수많은 중국 독자들에게 소개한 것이다. 그는 평생 34편에 달하는 해외 주요 문학 작품들을 번역했는데 그중 발자크의 작품이 15편이나 된다. 부뢰는 이로써 당대 중국의 번역계에서 프랑스 문학, 특히 발자크 작품의 번역 대가로서의 입지를 확고히 했으며 신중국의 번역 발전에 위대한 공헌을 했다.

2. 예술적 수양을 강조한 번역: 부뢰의 번역예술 철학 사상

화가와 음악가의 천부적인 재능을 가지고 있었던 부뢰는 미술과 음악에 대한 이해가 깊었다. 더욱이 예술 비평에 대한 조예가 깊어 예술의 발전 규칙에 대한 깊은 사유와 탐구를 보여주는 한편 예술의 참뜻과 규칙에 정통한 인물이 지닌 능력을 보여주기도 했다. 부뢰가 가장 먼저 심오한 경지에 오른 분야는 서양의 회화와 조각이었다. 그는 서양 조형예술의 다양한 유파 가운데 이탈리아 르네상스 시대의 예술에 가장 큰 영향을 받았다. 그는 『베토벤의 생애』와 『장 크리스토프』를 번역하고 롤랑의 음악과 관련된 저작들을 접하면서, 그리고 아들 부총傅總을 키우는 과정에서 서양 고전 음악 대가들의 예술에 대해 더욱 깊이 이해하게 되었다. 그 후 다빈치, 미켈란젤로, 라파엘로 등 르네상스 예술 대가들의 예술적 정수와 모차르트, 쇼팽, 슈베르트, 하이든, 헨델, 드뷔시와 같은 고전 음악의 거장들, 그리고 이백, 두보, 도연명, 소식, 롤랑, 발자크 등 중국과 외국의 저명한 문학가들의 예술적 정수는 부뢰의 정신세계 안에서 일체된 모습을 보이며 그의 문학예술적 소양의 중요한 자양분으로 자리 잡았다. 이는 예술의 대가들이 지닌 소양 가운데 가장 핵심적인 부분이라고 할 수 있다. 부뢰는 동양인과 서양인의 우수한 자질을 하나로 융합해 동서양의 고전주의 정신을 구현했으며 이를 자신의 번역예술 철학의 토대로 삼았다. 그는 "자기 민족의 우수한 전통 정신을 제대로 이해하고 자기 민족의 영혼을 지니고 있어야만 다른 민족의 우수한 전통을 완벽히 이해하고 그들의 정신세계로 들어갈 수 있다"라고 주장했다(「부뢰·부총」, 『유항문집劉抗文集』).

앞서 언급했듯이 부뢰는 일찍이 롤랑의 『베토벤의 생애』와 『장 크리스토프』를 번역한 바 있다. 파리대학의 음악예술사音樂藝術史와 베토벤 연구의 권위자였던 롤랑의 명작 『장 크리스토프』는 베토벤의 일생을 모델로 창작한 전기傳記 형식의 소설로서, 교향곡과 같은 웅장한 구조와 분위기가 작품 전체를 구성하고 있고 음악가와 음악 작품에 대한 음악적 평가도 중간 중간에 삽입되어 있어 번역의 난이도가 상당히 높은 작품이다.

부뢰가 이 작품들을 창조적으로 번역할 수 있었던 것은 예술사를 전공하여 예술적 수양은 물론, 서양 음악예술과 번역예술에 대한 조예가 깊었기 때문이다. 문학과 예술 간에는 항상 유사하거나 혹은 공통된 특징이 존재한다. 부뢰는 모든 예술에는 공통된 원칙이 있기 때문에 번역가와 피아니스트는 둘 다 다른 사람의 작품 속에 자신의 창작 재능을 쏟아 부어 원작자와 자신의 노력이 한데 어우러진 새로운 작품을 창조하는 것이라고 설명했다. 그는 또한 "음악은 시간의 예술이자 인간의 감각기관과 정서를 가장 강렬하게 자극하는 예술이다. 음악의 유동적인 특징은 바로 이러한 점에서 가장 잘 드러난다"라고 주장했다. 그리고 동일한 연주자가 같은 작품을 연주하더라도 시기에 따라 연주자가 작품을 이해하고 해석하는 것은 달라지기 마련인데 이는 문학 번역의 경우에도 똑같이 적용된다고 설명했다. 부뢰는 『고리오 영감』을 1944년과 1951년, 1963년 총 세 번 번역했는데 번역본마다 매번 작품에 대한 이해와 해석이 달랐다. 뛰어난 문학 번역가였던 부뢰는 번역의 근본으로 예술적 수양을 강조했으며, 유려하면서도 원작의 정신을 전달할 수 있는 번역문을 생산하려면 문학적·예술적 수양이 높아야 한다고 주장했다.

> 번역은…… 예술적 수양을 근본으로 삼아야 한다. 예민한 감수성, 따뜻한 동정심, 적절한 감상력, 풍부한 사회경험, 풍부한 상식(소위 말하는 잡학雜學)이 없다면 원작을 철저히 이해하기 어렵다. 설령 원작을 이해했다고 해도 완벽하게 이해했다고는 할 수 없다. (「문학 번역 작품을 논함論文學翻譯書」)

부뢰가 위에서 언급한, 번역가가 갖추어야 할 다섯 가지 예술적 수양에 관한 주장은 사실 예술가의 품격에 관한 논의였다. 품격의 완성은 예술가라면 누구나 갖추어야 할 기본적이면서도 가장 중요한 요건이 된다. 품격에는 정조情操와 기질이 포함되어 있기 때문에 개인의 품격 수양에는 개인의 정조와 기질을 배양하는 것도 포함된다. 애국심, 민족의식, 사회적 책임은 정조에 해당하고, 감정과 풍격, 감상 능력은 기질에 해당한다. 부뢰는 예술에 종사하는 사람은 자신의 전문 분야에만 능통해서는 안 된다고 지적했다. 그는 예술가라면 '입신立身'의 도를 먼저 깨우쳐야 하며 자신의 전문 분야 이외의 예술에도 정통하여 다양한 예술 분야로부터 품격 형성에 도움이 되는 것을 얻을 수 있어야 한다고 주장했다.

3. 회화 이론을 응용한 독자적인 번역 이론의 정립: 신사론

"형태의 유사함이 아니라 정신의 유사함이 중요하며 번역문은 반드시 순수한 중국어로 쓰여져야 한다." 이것은 부뢰의 좌우명이다.

그는 1951년『고리오 영감』재번역본 서문에서 "효과로 말하자면, 번역은 그림을 대하는 것과 마찬가지로 추구하는 바가 형태의 유사함에 있는 것이 아니라 정신의 유사함에 있다"라는 격언 식의 명언을 남겼다.

부뢰는 회화예술에 조예가 깊었는데 이러한 점은「회화 작품을 보고 관람객의 질문에 답하다觀畵答客問」[1]에서 잘 드러난다. 그는 미술 평론에서 '형사形似', '신운神韻', '경계境界', '입화경入化境'과 같은 회화 전문 용어를 여러 차례 사용해 '형사신사形似神似' 회화 이론을 심도 있게 분석했다.

부뢰는 중국 번역사상사에서 '형사신사' 회화 이론을 가장 완벽하게, 그리고 성공적으로 문학 번역에 운용한 인물이라는 평가를 받는다. 이는 부뢰가 음악, 조소, 희극, 회화 등과 같은 감성의 영역인 모든 예술, 특히 회화에 대해 독자적인 견해를 가지고 있었기 때문에 가능했다.

감성의 산물인 예술은 이해와 수용이 가능한 인류 공통의 특수한 언어와 모든 고급 예술이 지닌 공통된 법칙을 가지고 있다. 그렇기 때문에 회화예술과 문학번역예술의 창작 법칙도 동일하다. 따라서 '형사신사'

1 이 글은 부뢰가 황빈홍黃賓虹의 그림에 대한 관람객의 이해를 돕기 위해 가상의 인물들(주객主客) 간의 대화를 문답 형식으로 엮은 것이다. 부뢰와 중국화의 대가 황빈홍은 두터운 우정을 나누는 친구 사이였으며 황빈홍은 부뢰 평생의 지기知己이기도 했다. 1943년 부뢰는 구주상裘柱常, 장국생張菊生, 진숙통陳叔通과 공동으로 발기해 황빈홍의 첫 개인 미술전을 상해에서 개최했다. 전시회가 열리는 동안 부뢰는 매일같이 전시장을 찾아 황빈홍의 그림과 관련한 관람객의 질문에 답했다.

회화 이론은 문학 번역에도 그대로 적용된다. '형사신사'에 관한 번역 이론은 일찍이 1920~1940년대에 모순, 곽말약, 문일다聞一多, 증박曾朴, 증허백曾虛白, 진서형陳西瀅, 임어당, 주생호朱生豪 등 많은 번역가들에 의해 논의된 바 있다.

중국 번역 이론 체계에서 '신사론神似論'을 가장 먼저 제기한 이는 모순이었다. 그는 「신문학 연구자의 책임과 노력」(1921)에서 처음으로 '신사론'을 제기한 후 다시 「문학 작품 번역 방법에 관한 논의譯文學書方法的討論」(1921)를 통해 이를 상세히 설명했다. 훗날 곽말약과 문일다가 시가詩歌 번역을 논하면서 '풍운風韻', '정신情神', '기세氣勢'의 번역에 관한 문제를 제기했고, 8년 후 진서형이 다시 「번역을 논함論飜譯」(1929)에서 '삼사론三似論'(형사形似, 의사意似, 신사神似)을 제기했으며, 1933년에는 임어당이 「번역론飜譯論」을 통해 '달의전신론達意傳神論'을 주장했다. 중국 현대 번역사에서 '신사론'의 기원과 발전은 이처럼 회화 이론에서 시가 이론으로, 다시 번역 이론으로 이어지는 오랜 역사적 발전 과정을 거쳤다. 부뢰의 '신사론'은 예술철학의 원리와 미학 이론, 풍부한 번역 경험의 토대 위에 다른 이론들의 장점과 기존의 연구 성과들이 더해져 완성되었기 때문에 중국 번역사상사에서 엄복의 '신달아론信達雅論'에 이은 또 하나의 획기적 의미를 갖는 중요한 이론으로 평가된다.

부뢰의 '신사론'은 풍부한 함의를 내포하고 있다. 그 내용을 살펴보면 다음과 같다.

원작을 자기 것으로 만들기

부뢰는 전신傳神, 즉 원작의 정신을 전달하려면 먼저 원작을 이해하고 원작의 정신을 철저히 파악해 원작을 '자기 것으로 만들어야[化爲我有]' 한다고 주장했다. 이것이 부뢰가 주장한 '신사론'의 첫 번째 핵심이다.

> 어떤 작품이든지 네다섯 번을 정독하지 않고 번역을 시작해서는 안 된다. 이것이 번역의 기본 노하우이다. 신사론의 첫 번째 핵심은 원작(사상, 감정, 분위기, 정서 등)을 자기 것으로 만든 후에야 비로소 번역을 논할 수 있다는 것이다. (「문학 번역 작품을 논함論文學翻譯書」)

> 좋아하는 작품을 번역하고 싶다면 네다섯 번은 읽어야 한다. 그래야 작품의 구조와 줄거리를 확실하게 기억하고 철저히 분석할 수 있으며 인물을 또렷이 형상화할 수 있다. 또한 행간에 숨어 있는 심오한 뜻도 천천히 음미할 수 있게 된다. (「번역 경험에 관한 소고翻譯經驗點滴」)

부뢰는 늘 다음과 같은 방식으로 책을 번역했다. 먼저 원작을 여러 차례 정독하고 이해가 안 되는 부분은 관련 서적과 전문가의 연구를 찾아보거나 국외의 전문가에게 편지를 보내 조언을 구했다. 그리고 이렇게 준비 작업이 완료되고 난 후에야 비로소 번역에 착수했다. 초고 번역이 완성되면 최소한 두 차례에 걸쳐 대대적인 수정 작업을 진행하고, 그 다음에 다시 원고를 깨끗이 베껴 쓴 후 조판에 넘겼다. 또한 직접 교정쇄를 보면서 교정을 마칠 때까지 여러 차례에 걸쳐 수정 작업을 반복했다.

'원작을 자기 것으로 만드는 것'은 '누에가 실을 뽑는 것'과 같다고 할 수 있다. 다시 말해 원작을 철저하게 이해한 후에야 '재창조'가 가능하다는 뜻이다. 부뢰는 "번역이란 학문은 마치 누에가 실을 뽑아내는 것과 같다. 만약 누에가 뽕잎을 먹고 뽕잎 부스러기만 토해낸다면 큰일이다. 뽕잎을 먹었으면 응당 비단실을 뽑아내야 하는 것이다. 번역가는 원문을 철저하게 이해하고 완벽하게 소화한 후에 다시 그것을 새롭게 번역해내야 한다"라고 설명했다(소방방蕭芳芳, 「내 인생에 가장 큰 영향을 미친 부뢰 아저씨對我一生影響深遠的-傅雷伯伯」). 여기서 '누에가 실을 뽑아내는' 과정이 바로 번역의 '재창조' 과정에 해당한다.

'원작을 자기 것으로 만드는 것'은 부뢰와 발자크처럼 번역자가 작가와 정신을 교감하고 의기투합해야 가능하다. 그래야만 원작과 역작이 함께 빛을 발할 수 있다. 부뢰는 "정신적인 측면에서 완벽하게 융화되지 못하고 글자의 표면적인 뜻만을 어색하게 그대로 옮긴다면 원문의 아름다움을 상실하는 것은 물론 의미조차도 이해하기 어렵게 되어 독자를 어리둥절하게 만든다"라고 지적했다(「번역 경험에 관한 소고」).

원작을 자기 것으로 만들어야만 번역자는 비로소 원작자의 가장 좋은 '대변인'이 될 수 있다. "문학가는 사회를 해부하는 의사이자 영혼을 찾아내는 탐험가요 고통 받는 사람들을 가엾이 여기는 종교가, 그리고 뜨거운 열정을 지닌 혁명가이다. 때문에 문학가의 대변인이 되고자 한다면 종교가처럼 경건하고 과학자처럼 치밀하며 혁명지사처럼 강건해야 한다"(「번역 경험에 관한 소고」).

'문장의 유창성, 풍부한 어휘 사용, 색채의 변화'

원작을 이해하는 것이 '신사'의 첫 번째 핵심이라면 두 번째 핵심은 이해한 내용을 충실하고 생동감 있게 표현해내는 것이다. 번역은 언어의 예술이다. 그런데 문학 작품의 언어는 기타 비문학 작품의 언어와는 다른 특성을 지니고 있기 때문에 이에 대한 요구 또한 높다. 부뢰가 자신의 번역문에서 추구한 것은 '문장의 유창성, 풍부한 어휘 사용, 색채의 변화'였다. 그가 주장한 '문장의 유창성'은 번역문이 흐르는 물처럼 자연스럽고 유창해야 한다는 것을 의미한다.

물 흐르듯이 자연스러운 예술 작품에는 일반적으로 두 종류가 있다. 하나는 지나친 꾸밈의 흔적이 전혀 없는 것을 말한다. 부뢰는 "이상적인 예술은 늘 흐르는 물처럼 자연스럽다. 설사 격앙된 순간이라도 여름에 휘몰아치는 비바람처럼 자연의 섭리인 듯 느껴진다. 그러나 과도한 꾸밈이 드러나면 마음으로부터 생겨난 예술이 아닌 저속한 공예품으로 일순간 전락해버린다"라고 지적했다. 물 흐르듯이 자연스러운 예술 작품의 또 다른 종류 하나는 자연의 섭리와 같은 존재가 아니라 인류가 정교함을 추구함으로써 창조해낸 아름다운 예술품이다. 예컨대 바흐, 베토벤, 쇼팽의 작품을 보면 정교함을 추구한 흔적이 엿보이는데 만약 이러한 노력이 없었다면 작품 구조가 그토록 치밀하고 전조와 선율이 그처럼 막힘없이 매끄러울 수는 없을 것이다. 부뢰의 작품은 후자에 속한다. 그의 번역문은 정교함을 추구했지만 사족을 가했다는 느낌이 전혀 들지 않는다.

'문장의 유창성, 풍부한 어휘 사용, 색채의 변화'를 이루어낸다는 것은 지극히 어려운 일이다. "왜냐하면 첫째, 원작을 이해해야 하고, 둘째, 그것을 중국어로 표현해야 하기 때문이다. 게다가 동양인과 서양인의 사유 방식은 근본적으로 차이가 있다. 동양인은 종합, 귀납, 암시, 함축 등을 중시하는 반면 서양인은 분석을 중시하며 미세하고 복잡한 부분에 주목한다. 또한 완벽하게 드러내고 묘사하는 것을 중요하게 생각한다. 이처럼 다른 두 종류의 사유 방식mentalité은 서로 융합되고 소통되기가 매우 어렵다(「문학 번역 작품을 논함」)."

"양국 언어의 품사, 통사 구조, 문법과 습관, 수사법, 속어의 차이는 민족의 사유 방식과 감각의 정도, 관점, 전통 풍속과 신앙, 사회적 배경 및 표현 방법의 차이를 반영한다. 갑이라는 나라의 언어로 을이라는 나라의 언어에 포함된 그러한 특성들을 전달하려면 백락상마伯樂相馬와 같이 다른 것은 살피지 말고 본질을 파악하는 데 주력해야 한다. 아무리 뛰어난 번역문이라도 그 운미韻味를 원문과 비교하면 지나치거나 모자라는 부분이 있기 마련이다. 번역에서는 이러한 차이를 최대한 줄이는 방법 밖에 없다. 지나칠 경우에는 그 정도가 너무 과하지 않도록 힘쓰고, 모자라는 경우에는 지나치게 모자라지 않도록 힘써야 한다." (『고리오 영감』 재번역본 서문)

번역가 왕이주王以鑄(1925~)가 발표한 「신운을 논함論神韵」은 부뢰의 '신사론'을 가장 잘 주해註解하고 보충한 글이라고 할 수 있는데, 그 내용을 살펴보면 다음과 같다. "…… 언어의 섬세하고 미묘한 부분이나 언어의 신운 또는 왕국유王國維 의 말을 빌려 언어의 '경계境界'로 표현할 경우, 뉘앙스nuance[2]는 언어의 표면이 아닌 언어의 내면에 숨겨져 있는 것이다. 또한 독립적으로 존재하는 것이 아니라 그것의 모든 것을 포함해 작가 본인, 심지어 작가의 시대 배경도 연관되어 있는 것으로서, 자구 표면이 아닌 행간에 존재하는 것이다. 그것은 이해하려고 한다기보다는 느끼려고 한다는 게 더 적절할 것이다. 언어의 뉘앙스를 파악해야 언어의 느낌을 이해할 수 있기 때문에 번역가는 이러한 단계에 도달해야만 원문의 신운을 완벽하게 표현해낼 수 있다."

---

2 프랑스어인 nuance는 본래 '색조'를 가리킨다. 여기서는 언어의 '섬세하고 미묘한 부분'을 의미한다.

예술에는 끝이 없다. 사람의 인식 능력과 체력에는 한계가 있기 마련이므로 예술에는 완벽의 경지가 있을 수 없는 것이다. 부뢰는 이상적인 번역문에 대해 다음과 같은 견해를 피력했다.

이상적인 번역문은 원작자가 중국어로 쓴 작품 같아야 한다. 그럴 경우 원문의 의미와 정신, 번역문의 유려함과 완성도를 모두 고려할 수 있게 된다. 또한 수사에 치중해 의미를 훼손하거나 의미에 치중해 수사적인 측면을 훼손하는 폐해는 발생하지 않는다(『고리오 영감』 재번역본 서문).

이상적인 번역서는 '원작자를 중국어에 능통한 인물로, 번역본을 그러한 사람이 중국어로 쓴 작품'으로 가정하는 데서 출발해야 한다.

기운의 관통

'기운의 관통', 즉 '문장 풍격의 관통'은 부뢰 '신사론'의 세 번째 핵심이다. 부뢰는 "원문의 풍격은 항상 완벽하게 통일성을 유지한다. 따라서 번역문의 풍격도 당연히 통일성을 그대로 유지해야 한다"라고 주장했다. 소위 신사神似나 신운神韻이라고 하는 것은 원작의 내용을 전달하는 것과 원작의 풍격을 구현하는 것을 가리킨다. 부뢰는 1957년 2월 7일과 10월 9일 두 차례에 걸쳐 홍콩의 번역가 송기宋淇(林以亮)에게 편지를 보내 원문의 풍격을 유지하는 문제에 대해서 자신의 견해를 밝혔다.

(번역에 있어서) 보통 두 가지 잘못을 범하곤 합니다. 유려하지만 지나치게 자유스럽다거나(즉, 불충실), 충실하기는 하지만 문장에 기운이 없는

것이 그것입니다. 전후 문장의 기운이 관통하지 않으면 절節에는 기운이란 것이 없고 전체 문장은 맹물과 같이 변해버립니다. 번역문 자체에 풍격이 없다면 원작의 풍격을 전달하는 문제는 논할 수 없습니다. 원작과 똑같기를 원하는 것은 불가능한 이상일 뿐입니다. 저는 그저 원작과 최대한 유사하게만 만들 수 있을 뿐입니다. 이것은 개인의 능력이나 재능 혹은 기질이나 성격만의 문제가 아니라 동서양 사유 방식의 근본적인 차이와도 관련된 문제입니다…… 보통의 번역문은 어색하거나 매끄럽지 못하다는 문제점 외에도 아주 큰 특징(즉, 최대의 단점)을 가지고 있습니다. 구와 구가 단절되고 절과 절이 단절되어 있으며 형상조차도 불완전하다는 것이지요. 그런데 어떻게 사람들에게 원작을 느껴보라고 할 수 있겠습니까.

원작의 풍격을 유지하는 것은 결코 통사 구조를 그대로 옮기는 것이 아닙니다…… 여러 측면에서 당신이 원작자이고 중국어로 글을 쓴다고, 그리고 어떤 의미에서는 어휘를 선택하는 입장이라고 가정하는 겁니다. 이것을 원칙으로 삼는다면 번역문은 70퍼센트 이상의 성공을 거둘 수 있을 것입니다.

부뢰는 번역 작품의 기운이 관통한다는 것은 바로 문장의 풍격이 관통하는 것이라고 보았다. '기운이 관통하지 않는다면', 심지어 문장에 기운이 없다면 번역 작품은 결국 '맹물'처럼 변해버리고 말 것이라고 생각했다. 문장의 풍격은 반드시 관통해야 한다. 만약 의미 맥락이 통하지 않고 '구의 단절, 절의 단절'은 물론 문장의 구성 요소가 모두 흩어져 있다면 형식만을 갖추고 내용은 짜깁기된 '흩어진' 글이 되고 만다.

부뢰는 엄격한 작풍作風과 해박한 지식, 그리고 오랜 기간에 걸쳐 형성된 예술적 소양과 지칠 줄 모르는 진취적 정신을 바탕으로 '정신의 전달을 특색으로 하는' 조화롭고 완성도 높은 번역문의 풍격을 형성했다. 이는 '부뢰의 풍격'으로 불리며 중국 번역계에서 하나의 '번역 유파'로 자리 잡았다. 그렇기 때문에 부뢰가 번역한 10여 편에 이르는 세계 명작들 역시 번역서의 '고전'이 되어 시간의 한계를 뛰어넘어 영원한 생명력을 이어가고 있다.

번역의 예술적 재창조를 지향한 문학가 전종서

전종서錢鍾書(Qian Zhongshu, 1910~1998)는 뛰어난 재능을 가진 문학가이자 동서고금에 정통한 학자로, 그의 이름 앞에는 '문화곤륜文化崑崙'[1] 이라는 수식어가 붙는다.

한漢나라 유방劉邦 때의 문신 육가陸賈는 "도는 지혜로운 자에 의해 세워지고, 말은 부리는 자에 의해 길들여지고, 현명함은 슬기로운 자에게 쓰이고, 분별함은 지혜로운 자에게 통하고, 책은 이해하는 자에 의해 전해지고, 일은 보는 자에게 명백하다"[2]라는 명언을 남겼다. 즉, 이론의 '세움[設]', '쓰임[用]', '통함[通]', '전함[傳]'은 현명하고 통달한 지식인에 의한 것이다. 중국의 위대한 문화유산은 '문화곤륜' 전종서와 같은 지식인의 노력에 힘입어 꽃피운 것으로, 『관추편管錐編』은 전종서의 혼이 담긴 역작이라 할 수 있다.

전종서가 제시한 번역 이론인 '화경론化境論'은 엄복의 '신달아론', 부

1 '곤륜崑崙'은 중국 서부에 위치한 거대한 산맥 이름으로, '문화곤륜'은 전종서의 위대한 학문적 · 문학적 업적을 기리는 수식어이다.

2 "道爲智者設, 馬爲御者良, 賢爲聖者用, 辯爲智者通, 書爲曉者傳, 事爲見者明."

뢰의 '신사론'과 더불어 중국 전통 번역철학의 대표적 이론으로 꼽힌다. 그는 번역을 문예 미학의 범주로 편입시키며 중국의 전통 번역 이론을 발전시켰다.

1. 전종서의 일생

전종서는 강소江蘇 무석無錫 출생으로 자는 묵존默存, 호는 괴취槐聚, 필명은 중서군中書君이다. 청화대학清華大學 외국어문학과를 졸업하고, 영국과 프랑스 등으로 유학을 가서 영국 옥스퍼드대학 영문과에서 부박사 학위를 취득하고, 프랑스 파리대학으로 옮겨 연구직에 종사했다. 1949년부터 청화대학과 중국사회과학원에서 교육과 연구를 하며 중국사회과학원 부원장을 역임했다. 그는 영어와 프랑스어를 비롯해 5개 국어에 능통했으며 비교문학을 깊이 연구했다. 중국 문학과 서양 문학의 예술적 기법, 중국과 서양의 문예론, 동서고금 명저의 비교 연구를 통해 유례없이 독창적인 견해를 제시했다. 전종서는 영국 문학계에서 명성이 높은데, 영국인이 편찬한 한 문학사 서적은 전종서의 문학 창작에 대한 내용을 독립된 장으로 따로 기술하고 있을 정도이다.

1979년 5권으로 된 『관추편』을 출판한 전종서는 1993년 제1회 중국국가도서상을 받기도 했다. 총 100만 자에 달하는 이 학술 서적은 『주역정의周易正義』, 『모시정의毛詩正義』, 『좌전정의左傳正義』, 『사기회주고증史記會注考證』, 『노자왕필주老子王弼注』, 『열자장담주列子張湛注』, 『초씨역림焦氏易林』, 『초사보주楚辭補注』, 『태평광기太平廣記』, 『전상고삼대진한삼국육조문全上古三代秦漢三國六朝文』 등 10권의 책에 대해 이야기한다.

비교를 위해 『관추편』에 인용된 외국 명저와 문예론 원문의 번역은 모두 전종서가 한 것이다. 전종서가 완역한 번역본은 하이네의 『돈키호테』 서문, 헤로도토스Herodotos의 『역사』 1장, 마테오 반델로Matteo Bandello의 『단편소설집』 가운데 한 편 등으로 그 수량이 많지 않다.

2. 전종서의 번역 이론과 사상: 화경론

전종서의 번역 이론이 담긴 저서는 수적으로 많지 않다. 『임서의 번역林紓的飜譯』과 『관추편』 중 번역에 관해 기술한 몇 단락이 전부이다. 그러나 그가 제시한 번역 이론은 중국 번역철학사에 길이 남을 만한 명견이다.

『임서의 번역』에서 전종서는 한나라 문자학자 허신許愼의 번역에 대한 훈고와 남당南唐 이래 '소학小學'가들의 '역譯'에 대한 진술을 토대로 번역의 본질, 기준과 특징 등을 제시했다. 이로써 그는 엄복의 '신, 달, 아' 번역 기준에서 벗어나 새로운 이론을 세우고 번역 연구의 시야와 영역을 확장했다.

전종서는 서문에서 다음과 같이 말한다. "한 대 문자학자 허신의 번역에 대한 해석은 깊은 함의를 가진다. 『설문해자說文解字』 6권에서 '구口' 부수 26번째 글자는 '와囮'이다. '와囮'는 곧 '역譯'으로, '구口'는 부수, '화化'는 음을 나타낸다. 새를 잡을 때 새를 유인하는 가짜 새인 후림새를 '와囮'라고 하는데, 발음은 '와譌'와 같다. 남당 이래로 '소학'가들은 '역譯'을 '사방의 오랑캐와 금수의 말을 전하다'라고 설명했는데, 이는 후림새의 금수에 대한 '유인' 역할에 견줄 수 있고, '와譌', '와訛', '화

化'는 '와囮'와 같은 글자라고 할 수 있다." 즉, '역譯'은 '유誘'(매媒), '화化', '와訛'와 "일맥상통하고 서로 호응되는 의미를 가지며 시가 언어 연구자들이 말하는 이른바 '다의적 의미'를 구성한다. 이로써 번역의 역할(유誘), 피하기 어려운 문제(와訛), 이상적인 최고의 경지(화化)를 모두 제시했다고 할 수 있다."

이로 미루어볼 때 번역의 과정은 바로 " '유誘'를 이끌어내고, '와訛'를 피하며, '화化'를 구하는" 과정이다. 지난 100여 년 동안 중국의 번역 이론은 엄복의 '신, 달, 아'를 벗어나지 못했다. 그러나 전종서가 '유誘, 와訛, 화化론', 즉 '화경론'을 제시하면서 중국의 전통적 번역철학은 다채롭고 풍요롭게 발전하는 전기를 마련했다. 이로써 그의 화경론은 중국 전통 번역 이론에 중대한 기여를 했다.

유誘를 이끌어냄: 유론

'유誘'(매媒)는 번역의 성질, 기능, 역할, 목적을 생동감 있게 표현한다. 전종서는 『임서의 번역』에서 이렇게 말한다.

> '매媒'와 '유誘'는 문화 교류에서 번역의 역할을 설명한다. 번역은 중개자이자 연락원으로, 외국 작품을 소개해 관심을 가지도록 유도한다. 마치 중매를 하는 것처럼 나라 간에 '문화 인연'을 맺도록 한다. 이는 나라 간에 맺는 '인연' 가운데 반목과 갈등이 가장 최소화된 형태라고 할 수 있다.

1980년대 초 재출판한 『최초 중역 영문 시 「인생찬가」와 몇 가지 사소한 일에 관하여漢譯第一首英語詩〈人生頌〉及有關二三事』에서 전종서는 번역의 목적을 다시 언급한다. “외국 문학을 번역하는 목적은 자국민들이 작품을 감상하고 연구하도록 관심을 불러일으키는 것이다.”

번역의 성질과 관련해서는 『관추편』에 여러 차례 언급되어 있다. 여기서 그는 각국 번역가들의 번역 이론과 번역에 대한 견해를 모아 정리하고 평했다.

영국의 작가 새뮤얼 버틀러Samuel Butler는 “번역이란 작가를 오해하게 만들고, 독자를 오도한다”라고 말했고, 스페인의 작가 세르반테스는 “번역은 양탄자를 뒤집어서 무늬를 살피는 것과 같다”라고 했다. 또한 프랑스의 시인 빅토르 위고는 “번역은 입구가 넓은 병 속에 담긴 물을 입구가 좁은 병에 옮기는 일과 같아서 옮길 때 옆으로 새는 부분이 필연적으로 많다”라고 했다.

독일의 철학자 쇼펜하우어는 번역이란 “원래 특정 악기의 연주를 위해 작곡된 곡조를 다른 악기로 연주하는 것이다”라고 말했는데, 중국의 주희朱熹 역시 이와 비슷한 견해를 펼친 바 있다. 쇼펜하우어의 이러한 비유는 스탈 부인Madame de Staël의 명저 『독일론*De l'Allemagne*』에서도 볼 수 있다. “튜턴어계 언어 간의 번역은 어렵지 않으며 라틴어계 언어 간의 번역도 마찬가지이다. 그러나 라틴어계 언어의 시를 게르만족 언어로 옮기는 것은 어렵다. 특정 악기를 위해 만들어진 악보의 곡조를 다른 악기로 연주하면 완벽함을 기대할 수 없기 때문이다.”

볼테르Voltaire는 “번역문을 통해 원문의 모습을 알고자 하는 것은 판각 복제품을 통해 원화의 색채를 보려고 하는 것과 마찬가지이다”라고 하면서 심지어는 ‘사자의 탈을 쓴 나귀’, ‘밀랍 인형’, ‘황금에 손을 대어 쇠붙이로 변하게 하는 일’, ‘끓는 물에 삶은 딸기’, ‘깃털이 몽땅 뽑힌 새’,

'담요를 사이에 두고 꽃향기 맡기' 등의 비유로 번역을 비하했다.

전종서는 각국 학자들의 이러한 견해에 부정적인 태도를 취했다. 그 역시 번역에 대한 비유를 사용하긴 했지만 대부분 긍정적인 비유로, 번역이 원작의 '환생'이라는 견해에 동의했다. 또한 '역譯'이 '유誘', '와訛', '화化' 등의 의미를 가지며 번역이 '창작에 견줄 수 있는 고차원적인 문화 사업'이라고 주장했다(『전종서연구집간錢鍾書硏究集刊』 제3집, p. 90).

와訛를 피함: 와론

'와訛'는 번역문이 변형되어 원문과 달라지는 것을 뜻한다. 전종서는 이러한 '와'가 발생하는 원인이 세 가지 '차이'에서 비롯되며 그중 일부는 불가피한 것이라고 말한다.

> 한 나라의 문자는 다른 나라의 문자와 필연적으로 차이가 있을 수밖에 없다. 번역자가 이해한 내용과 표현 방식은 원작의 내용, 형식과 차이가 날 뿐만 아니라 번역자의 경험과 그의 표현 능력 간에도 차이가 존재하기 마련이다…… 번역은 원작의 언어를 출발점으로, 번역문의 언어를 도착점으로 하는데, 출발에서 도착까지의 과정이 매우 고생스럽다. 가는 길 내내 고달프며 많은 위험에 부딪히는가 하면 유실되는 것이 있거나 손실을 입기도 한다. 따라서 번역문은 필연적으로 변형된 부분이 있기 마련이며 의미나 스타일 면에서 원문에 위배되거나 부합하지 않기도 하는데, 이것이 바로 '와訛'이다.
>
> 원작을 읽을 때는 쉽게 잘 읽혀도 막상 번역을 하고자 하면 예상치 못한 어려움이 속출하는데, 이러한 어려움은 사전을 찾거나 다른 이에게

물어본다고 해서 해결할 수 있는 것이 아니다. 해결할 수 없어서 피하는 것은 임의로 삭제하는 '와'이고, 감히 피하지 못해 이해하지 못한 내용을 억지로 쓰는 것은 임의로 추측하는 '와'이다. 가여운 번역자들은 '반역자'의 모자를 쓰고 자신의 무지와 오류를 가릴 연막을 치지도 못할 뿐만 아니라, 호르헤 보르헤스Jorge L. Borges의 말을 빌리자면 원작과 번역의 다름을 "원작의 번역에 대한 불충실El original es infiel a la traducción"이라고 말할 만큼 얼굴이 두껍지도 못하다.

이를 통해 '와訛'에 대한 전종서의 관용적인 태도를 알 수 있다. 전종서는 『임서의 번역』에서 임서가 한 소설의 번역이 원문에 충실하지 않은 것에 대해 "이로써 임서의 번역은 완전히 도태되는 것을 면할 수 있었다"라고 말하며 '와'의 '부패 방지 기능'을 강조한다. 임서의 불충실한 번역은 일종의 역사적 현상으로 간주되어, 중국 번역사에서 '임서 현상'이라 불린다.

화化를 구함: 화론

전종서는 1934년 「'불격'을 논함論'不隔'」에서 "좋은 번역은 원문처럼 읽히는 것이다"라고 말한 바 있다. 그 후 40여 년이 지나서 "번역문은 번역문처럼 읽히지 않을 정도로 원문에 충실해야 한다. 왜냐하면 원문은 절대 번역한 것처럼 읽히지 않기 때문이다"라는 유명한 견해를 거듭 반복했다. 이는 번역문의 원문에 대한 최선의 '충실'이라고 할 수 있다. '충실'은 번역의 영혼으로, 원문에 충실하지 않은 번역은 영혼을 잃은 것과 같다. 전종서는 '화化'를 번역의 기준으로 내세웠는데, 이는 번역의 최고 경지이자 번역자가 추구하는 최고 목표이다. 전종서는 이렇게 말한다.

> 문학 번역의 최고 이상은 '화化'라고 할 수 있다. 작품을 한 언어에서 다른 언어로 바꿀 때 언어 습관의 차이로 인해 어색한 흔적을 남기지 않으면서도 원작의 색채를 그대로 보존할 수 있다면 '화경化境'의 경지에 이르렀다고 할 수 있다.

이어서 "완벽하고 완전한 '화化'는 실현할 수 없는 이상"이라고 말했는데, 이는 번역의 모든 어려움을 대변하는 말이라고 할 수 있다. 1981년 전종서는 『포위된 성圍城』의 일본어 번역판 서문에서 자신의 이상 속에 있는 '화경'에 대해 언급한 듯하다.

19세기 말, 독일 최고의 그리스학자 빌라모비츠 묄렌도르프Urich von Wilamowitz-Moellendorff는 유리피데스Euripides의 비극 『히폴리투스 *Hippolytus*』 번역본의 서문에서 "진정한 번역은 영혼의 환생이다"라고 했다. 즉, 고대 그리스어 원작 속의 본질을 독일어 번역본이라는 외형으로 재생한 것이다. 이러한 비유는 중국인들에게 매우 익숙한 것으로 이 속에는 다양한 의미가 내포되어 있다. 지난 몇천 년 동안 중국의 필기筆記,[3] 전기傳奇,[4] 장회소설章回小說[5] 등에는 죽은 이의 혼이 다른 사람의 시체를 빌려 부활하거나 환생하는 이야기가 자주 등장했다. 늙은이의 영혼

3 수필식의 중국 문체.

4 당唐 대에 홍행한 단편 소설.

5 중국의 통속 장편 소설.

이 쇠약한 육신에서 나와 소년의 몸을 빌려 부활하거나 추녀의 영혼이 부끄러운 육체를 버리고 절세미인으로 환생하는 등 다양한 이야기가 있다. 이렇듯 나의 원작이 아라이荒井와 나카지마中島 두 번역가에 의해 일본어 속에서는 범태凡胎를 벗고 선인仙人의 모습을 하고 있지 않을까 생각한다.

전종서는 육신은 달라도 "정신은 여전히 그대로인" 번역을 칭송한다. 즉, 진정한 번역은 영혼의 환생과 같은 것이다. 시인이자 번역가인 여광중餘光中 역시 비슷한 견해를 내세웠는데, 여기서 여광중의 말을 인용함으로써 전종서의 '화경론'을 설명하고자 한다. "번역, 여기서 말하는 번역은 문학적인 것을 가리키는데, 그중에서도 특히 시 번역은 일종의 예술과도 같다. 시 번역에서는 '번역' 대신 '전진傳眞'이라는 말을 사용하는 것이 더 합당할 것이다. 실로 영감靈感이 있는 번역은 환생한 영혼과 마찬가지로 일종의 '재창조'라는 느낌이 들게 한다. 직역이나 억지스러운 번역은 기껏해야 박제한 표본 정도가 될 수 있을 뿐이다. 이는 깃털 하나 빠지지 않았지만 안타깝게도 이미 죽어버린 새와 마찬가지로 형체만 온전할 뿐 날지는 못한다."

'영혼환생설'은 러시아의 비사리온 벨린스키Vissarion Belinsky가 말한 '내재된 생명의 대응설'로도 설명할 수 있다. 벨린스키는 「햄릿·스웨덴인의 원칙」에서 이렇게 말한다. "번역에서 어떤 이미지나 어구를 충실히 전달하기 위한 이미지 대응과 어구 대응은 글자 표면상의 대응이 아니라, 번역문의 내재된 생명을 원작에 내재된 생명에 대응시키는 것이다."

원작 초월론에 대하여

전종서는 『담예록談藝錄』(p. 373)에서 다음과 같은 심도 있는 견해를 내세웠다.

> 번역자가 자국의 언어를 구사하는 능력이 원저자가 원어를 다루는 능력보다 뛰어날 수도 있으므로 번역은 원저보다 뛰어날 수 있다. 폴 클로델Paul Claudel의 정돈령丁敦齡 시 번역이 바로 그러하다.

1960년대 전종서는 번역이 '원작보다 뛰어난' 번역 사례들을 다음과 같이 열거했다. "수필 문체를 선호하는 월터 페이터Walter Pater는 에드거 앨런 포Edgar Allan Poe의 단편 소설의 문체가 너무 투박하다고 여겨 프랑스어 번역본을 읽었으며, 한 젊은 유미주의자는 아나톨 프랑스Anatole France에게 『돔비 부자*Dombey and Son*』는 번역본으로 봐야 볼 만하다고 말했다. 또한 괴테는 제라르 드 네르발Gerard de Nerval이 번역한 『파우스트』의 불어 번역본이 자신의 독일어 원문보다 더 명료하다고 했으며, 휘트먼도 페르디난드 프라일리그라트Ferdinand Freiligrath가 번역한 시집 『풀잎』의 독일어 번역본이 자신의 영어 원문보다 더 나을 수도 있다는 것을 부정하지 않았다." 이를 근거로 전종서는 "번역자의 '도착어' 사용 능력이 원저자의 '출발어' 사용 능력을 능가하는 현상은 역사적으로 늘 존재해왔다"라는 결론을 내렸다. 이것은 '문학 번역 현상'의 일종으로, 전통적 번역철학을 초월하는 참신한 주장이었기 때문에 번역계에서 큰 반향과 논쟁을 불러일으켰다.

여기서 러시아 번역가들이 공인하는 '초월은 쉽지만 유지는 어렵다'

라는 전통적 번역관(전종서의 견해와 첨예하게 대립함)을 살펴보고자 한다. 이는 중국의 일부 학자들의 견해를 대변한다고도 할 수 있다. 유리 류비노프Yuri Lyubimov는 『번역은 하나의 예술』에서 다음과 같이 말한다. "번역은 세탁소나 이발소가 아니다. 원저자가 원래 끝을 다듬지 않았다면 번역도 마찬가지로 이발을 하거나 면도를 할 필요가 없는 것이다. 여기서 『일리아드*Ilias*』의 번역자가 번역 서문에서 기술한 고견을 인용하고자 한다. '팔레트의 물감으로 호메로스Homeros의 시를 아름답게 꾸미는 것은 매우 쉽지만 그 본모습을 가감 없이 유지하기란 매우 어렵다.' 이것이 바로 번역자의 책임이며, 이러한 일을 해본 사람만이 그 일이 결코 쉽지 않음을 안다. 즉, '초월은 쉽지만 유지는 어렵다.'"[6]

전종서의 '화경化境'과 부뢰의 '신사神似'는 내용 면에서 큰 차이가 없으며 각각 1950년대와 1960년대에 약간의 시간차를 두고 제기되었다. 따라서 두 견해를 중국 전통 미학의 번역 이론적 계승이라는 범주에 한데 묶을 수 있으며, 혹자는 두 견해를 합쳐서 '신화설神化說'이라고도 부른다.[7]

기나긴 중국의 번역이론사에서 고대의 '문질설文質說', 근대의 '신달아설信達雅說', 현대의 '신화설神化說' 등 3대 학설은 현상에서부터 본질에 이르기까지 사물에 대한 인식의 발전 과정을 반영한다. 초기 번역 현상에 대한 인식은 형식을 중시하는 '질質'로 대변된다. 즉, 언어 형식의 전환에 초점을 맞추었으며 두 언어 형식의 대응이 바로 의미의 대응으

---

6 왕병흠王秉欽, 『언어와 번역신론語言與翻譯新論』, 남개대학출판사南開大學出版社, 1997, p. 275.

7 주지유朱志瑜, 「중국 전통 번역사상: '신화설'(전기)中國傳統翻譯思想: '神化說'(前期)」, 『중국번역中國翻譯』 제2기, 제22권.

로 여겨졌다. "무릇 번역이라 함은 인도의 언어를 중국의 언어로 바꾸는 것이다. 음은 서로 달라도 의미는 서로 같다"(『번역명의집翻譯名義集』 자서自序). 이후의 번역 이론은 내용을 중시하는 '신信'으로 압축된다. 언어 형식의 전환은 단지 언어 표층 구조의 전환에 머무를 뿐이며, 언어 형식이 같다고 해서 반드시 의미가 같은 것은 아니라는 인식이 대두되었다. 현대의 번역 이론은 '신'의 기초 위에서 심화되어 예술적 창조 정신을 반영한 '화化'로 발전한다. 즉, 언어적 의미가 같다고 해서 문학적 의미까지 같은 것이 아님을 인식하게 된 것이다. 이처럼 중국의 전통 번역 이론은 '질'과 '신'에서 '화'로 부단히 발전, 심화되어왔다.

마지막으로, 전종서의 '화경설'에 대한 일부 학자들의 견해를 짚고 넘어가고자 한다. 혹자는 전종서의 이론이 예술의 신비성을 지나치게 강조해 다다를 수 없는 모호한 기준을 설정함으로써 '실현 불가능한 이상'이 되었다고 평가한다. 이처럼 이론이 단순히 이상적인 구상에 그치는 것을 막기 위해서는 향후 번역학계가 '화경'의 함의를 더욱 심층적으로 연구해 구체화함으로써 번역 실전과 번역 비평에서 더욱 폭넓고 유용하게 적용할 수 있도록 노력해야 할 것이다.

번역의 '전체론'을 주창한 희곡 번역가 초국은

초국은焦菊隱(Jiao Juyin, 1905~1975)은 유명한 희곡 작가이자 연극 연출가로서 중국의 희곡 문학 발전에 크게 이바지했다. 동시에 그는 위대한 번역가이자 번역학자로서 희곡을 비롯한 외국 문학들을 번역하는 데 일생을 바친 인물이기도 하다. 초국은은 번역 이론으로 '전체론整體論'을 주장한 학자로 유명하다.

1. 초국은의 문학 번역

초국은은 천진에서 태어났다. 국은菊隱은 필명이며 본명은 초승지焦承志이다. 아홉 살이 되던 해에 제1모범 소학교에 입학했는데, 그 학교의 교장이던 류수자劉壽慈는 교육을 중시하는 애국주의자였다. 민족주의와 애국심을 강조하는 학교의 분위기는 초국은의 유년 시절에 많은 영향을 미쳤다. 1918년 5·4운동의 분위기가 무르익을 무렵 초국은은 친구들과 함께 연극 모임을 만들고 봉건주의와 제국주의에 저항하는 신극운동을 전개했다. 당시에는 '국영菊影'이라는 예명을 쓰다가 17세가 되던 해인 1922년부터 '국은'이라는 필명으로 창작 활동을 시작해 신문화운동에 적극 동참했다. 이듬해에는 조경심 등과 함께 문학 단체 '녹파사綠波社'를 조직해 『녹파순간綠波旬刊』, 『문학주보文學週報』, 『시단詩壇』 등의 간행물과 『야곡夜哭』, 『타향他鄉』과 같은 시집을 펴내면서 '천진의 음유시인'이라 불리기도 했다. 그는 창작 활동과 더불어 문학 번역에도 착수했다. 1923년 가을, 영어 교육으로 유명한 회문중학匯文中學으로 전학을 가면서 영어의 기초를 다졌다. 초국은은 그 학교를 우수한 성적으로 조기 졸업을 하고 연경대학燕京大學에 입학해 창작 활동과 번역 활동을 꾸준히 이어나갔다.

대학을 졸업한 뒤에는 북평대학北平大學에서 교편을 잡았으며, 이후 북평 희곡전문학교를 세우고 교장을 역임하기도 했다. 1935년 벨기에, 영국, 프랑스 등지로 유학을 떠나 1937년 파리대학에서 「중국 희곡문학의 오늘今日之中國戲劇」이라는 논문으로 박사학위를 취득한다. 그 해 중국으로 돌아온 초국은은 적극적으로 항일운동을 전개하는 한편, 꾸준히 번역 활동을 계속했다.

초국은은 1941년에서 1946년에 번역가로서 가장 고통스러우면서도 가장 빛나는 시기를 거치게 된다. 중경重慶에 있을 때 그는 간단한 필기도구만 들고 찻집에 가서는 하루 종일 그곳에서 번역을 했다. 고기만두 두 개와 국수 한 그릇이 하루 식사의 전부였다. 그러나 열악한 조건 속에서도 그는 수십만 자에 이르는 번역을 완성해냈다. 당시 그는 러시아의 교육자이자 극작가인 네미로비치 단첸코의 『예술, 희곡, 인생藝術·戲曲·人生』(원제 『추억의 기록回憶錄』)을 번역하는 데 몰두하고 있었다. 예술가 단첸코 인생의 희로애락이 고스란히 녹아 있던 이 책에 추국은은 그야말로 푹 빠져 지냈다. 역자 후기에서 그는 "나는 이 책을 번역하는 데 나의 모든 열정을 쏟아부었다. 그렇지 않았다면 이렇게 빨리 번역을 마칠 수는 없었을 것이다. 이 책이 중국의 희곡 학도들에게 일종의 교과서 역할을 할 수 있을 것이라 생각한다. 나는 연극 연출자라면 반드시 갖추어야 할 자질을 단첸코에게서 배울 수 있었다. 그것은 바로 인류 문명의 발전을 위해 공헌하고자 하는 투철한 사명감이다"라고 말하고 있다. 이 외에도 그는 비슷한 시기에 벨라 발라즈Bela Balaz의 『레퀴엠安魂曲』과 『체홉 희곡선契訶夫戲劇集』등을 번역했다.

연극 연출에 주력했던 만큼 초국은은 희곡 이론에 상당한 지식을 가지고 있었다. 특히 러시아 출신 연극 이론가이자 연출가였던 콘스탄틴 스타니슬라프스키Konstantin S. Stanislavskii가 창안한 배우 수업 시스템인 '스타니슬라프스키 시스템'은 연극 연출가로서의 그의 인생에 큰 영향을 주었다. 전통적인 희곡 이론과 경험에 외국의 과학적인 공연 시스템에 대한 이해가 더해지게 되었던 것이다.

초국은은 『예술, 희곡, 인생』과 『체홉 희곡선』 등에서 자연스럽고 유창한 번역 스타일을 추구했고 그 과정에서 자신만의 독특한 연출 스타일도 구축할 수 있었다. 또한 프랑스의 자연주의 작가 에밀 졸라의 『나나娜娜』를 연출하면서 중국 문화계에 신선한 충격을 안겨주었다. 후에 그가 번역한 『예술, 희곡, 인생』은 연극인이라면 반드시 읽어야 할 필독서가 되었다. 일생 동안 희곡을 사랑했던 초국은은 외국 희곡 번역에 청춘과 열정을 고스란히 바친 진정한 예술가였다.

2. 초국은의 번역 이론과 번역관: 전체론

중화인민공화국 건국 초기, 초국은은 「직역에 관하여論直譯」라는 논문에서 '전체론整體論'을 주장했는데, 이는 '텍스트 번역'의 핵심 요소인 '단락(단 본위段本位)과 텍스트(편 본위篇本位)를 번역 단위로 하는' 번역 이론이다. 전체론에서 '전체'란 전체적 이해와 전체적 전달, 그리고 전체적 전환을 의미하며 이는 구를 단위로 하던 기존의 '구 본위句本位' 번역 원칙을 근본적으로 뒤흔들어놓았다. 그가 말하는 '텍스트'란 전체를 구성하는 단위를 뜻하는 것으로 번역 시 상대적으로 독립적이며 하나의 완전한 의미와 구조를 구성하는 대상을 말한다. 텍스트 번역이란 원문의 전체 의미 위에 구축되는 것으로 텍스트의 전체적 전환을 통해 전체적 의미의 대응을 추구하는 것이다. 초국은의 '전체론'은 중국 번역학의 발전에 지대한 공헌을 했다.

'상대적 가치'의 개념

일반적으로 어떤 단어(혹은 기호)가 의미를 확정 짓기 위해서는 반드시 주위의 다른 단어(의미가 확정된)의 힘을 빌려야 한다. 즉, 해당 단어 이외의 어떤 것과 연계되어 있어야 한다. 초국은은 "단어의 뜻이란 그 단어가 글에서 어떻게 사용되는가 하는 것이다"라고 하면서 철학적 시각에서 단어의 절대적 가치와 상대적 가치[相對價值]에 대해 언급하고 있다. 어떤 단어의 뜻이란 종종 그 단어가 원래 가지고 있는 사전적 의미에서 벗어나 특정 환경 아래에서 부여되는 의미이거나 언어 외적 의미일 경우가 많다는 것이다.

> 모든 언어 체계 속에서 단어들은 단어 자체의 절대적 가치를 지닌다. …… 절대적 가치란 절대적 의미를 가진다는 것이 아니라 그저 멈춰 있고 고립되어 있으며 더 이상 변화하지 않는 추상적인 기호라는 뜻이다. 하나의 단어는 결국 다른 기호들과 함께 엮여 이들과의 다양한 상호 작용을 통해 의미가 생겨나게 되는데 이렇게 생겨난 의미가 상대적 가치이다. 주변의 다른 단어와 엮이는 과정에서 사라지거나 새로운 기호적 의미로 발전하기도 하며 때로는 다른 기호를 소멸시키면서 스스로를 강화하기도 한다. 또 양자 모두를 소멸시키고 완전히 새로운 제3의 의미가 되기도 한다.

이 가운데 '하나의 단어는 결국 다른 기호들과 함께 엮여 이들과의 다양한 상호 작용을 통해 의미가 생겨나게 된다'라는 언급을 통해 우리는 추국은이 상호 텍스트성에 바탕을 둔 번역관을 가지고 있었음을 확인할 수 있다.

의미의 상호 관계

초국은은 "문장 하나하나는 이해가 가지만 다 읽고 난 후에는 무슨 말을 하고 있는지 모를 때가 있다. 원문과 대조해보아도 잘못된 곳을 찾을 수 없는 그런 경우 말이다. 이런 문제가 발생하는 것은 번역자가 '전체로서 글을 보는ensemble' 시각이 없기 때문이다"라고 했다. 이는 곧 번역자가 원문의 전반적인 느낌과 의도를 먼저 파악하지 않았으며 또한 말의 뭉치들이 텍스트 전체의 느낌을 전달하기 위해 어떤 작용을 하는지 이해하지 못한 채 문장이나 단락의 연관성을 무시하고 각각 고립된 문장으로 번역했기 때문이다.

단어의 가치가 상대적인 이유는 각각의 단어가 문장을 이루기 때문이며 또 이 문장들이 합쳐져서 글 전체의 감정과 메시지를 전달하는 역할을 하기 때문이다…… 개별 문장을 그저 옮기는 데에만 급급하면 분산되고 한정적인 이미지밖에 전달할 수 없다. 따라서 원문 '전체'에 흐르는 생각과 감정의 맥을 잡아 더욱 깊이 있게 이해하고 온전히 자신의 것으로 소화시키는 거시적인 작업을 완료한 후에 글자들의 상호 관계[字群聯立關系]와 이들의 상대적 가치를 처리하는 미시적 작업을 수행해야 한다. 그래야만 원문의 그것과 괴리되지 않는 번역이 가능하다. 먼저 의미의 상호 관계[意念聯立關系]를 파악해야만 번역을 해나갈 때 더욱 분명한 의미 전달과 풍부한 표현이 가능해져 비로소 문장과 단어의 상대적 가치를 드러낼 수 있게 된다.

초국은은 번역가가 원문의 사상과 감정에 완전히 침잠해 이를 자신의 것으로 만들어야 한다고 강조하면서, '전체'에서 시작해 좀 더 미시적으로 구절과 단락들을 처리해나가야 하며, 또한 문장과 단락의 핵심이 무엇인지도 항상 염두에 두어야 한다고 했다. 이는 하나의 핵심 메시지에서 출발해 부분적인 메시지에까지 이르게 하되 강한 구심력을 가지고 핵심에서 크게 벗어나지 않도록 하는 방식을 의미한다. 이렇듯 구심력을 가지고 단락과 글을 완성해야만 전체의 글이 유기적 긴밀성을 가지게 되고 비로소 활력을 띠게 되는 것이다.

사고의 전개 과정

초국은에 따르면 번역을 할 때 의미의 상호 관계와 전체 의미의 전달까지를 해냈다고 해도 이미지의 상호 관계[形象的聯立關系]와 의미의 핵심을 놓치게 되면 글의 뉘앙스와 표현 방식 등이 원작의 그것과 달라질 수밖에 없다. 결국 그러한 형태의 괴리가 내용의 불일치까지 초래하게 되는 것이다. 이와 같은 결과를 방지하기 위해 제기된 것이 바로 '사고의 전개 과정[思想過程]' 개념이다.

의미의 상호 관계라는 개념은 결국 원작자의 사고방식과 그러한 사고를 하게 된 배경(이를테면 지역, 민족, 이데올로기, 관점, 태도, 정신, 스타일 등), 다시 말해 사고의 전개 과정과 밀접하게 관련된다. 작가의 사상적 출발점과 그 핵심 내용, 미묘한 뉘앙스가 표출되는 방식을 번역가는 최대한 그대로 살릴 수 있어야 한다. 이 원칙에 따르면 번역가는 의미의 상호 관계를 올바로 정립한 후 각각의 문장에 맞는 번역 방법을 모색하고 글자 하나하나의 상대적 가치를 확립해나가야 한다.

전체론에서 말하는 '전체'란 상대적인 개념으로, 크게 보면 원문 전체와 그 외적인 사회 환경, 그리고 작가와 독자 등을 모두 가리킨다. 초국은은 '전체론'을 통해 텍스트를 중시하는 번역 이론을 확립했다. 번역가는 실제 번역 작업에서 먼저 '전체'를 아우르는 시각을 가지고 전체 의미를 상호 부합시키는 과정을 거쳐야 한다. 그리고 난 후 상부에서 하부, 혹은 거시에서 미시로 접근하면서 세부적인 의미를 파악하고 각 부분을 대응시켜나가야 한다. 이에 대해 초국은은 다음과 같이 조언했다.

독립적으로 떨어져 있는 문장을 번역할 때 번역가는 먼저 원문에서 그 글자 혹은 단어들이 어떤 상대적 가치를 지니고 있는지 확실히 파악해 그

상대적 가치(그 형태의 일치가 아닌)에 상응하는 중국어로 번역해야 한다.

그 다음 전체 문장을 하나로 연결할 때에는 원문의 주제, 생각, 감정을 깊이 고찰해서 자기 것으로 만든 뒤에 이를 바탕으로 형성한 '전체적 사고'에 입각해 번역 방법을 수정함으로써 모든 문장이 생각과 감정의 '전체'를 드러낼 수 있도록 해야 한다.

더 나아가서 원작자의 '사고의 전개 과정'을 파악해 그의 사상과 입장, 이데올로기, 태도, 정신, 민족 혹은 지역색 등은 물론 작가 특유의 개성적 표현 방식과 그 핵심까지도 이해해야 한다. 그런 다음 생각의 상호 관계, 즉 각 단어와 문장의 정확한 번역을 통해 사고의 과정이 드러날 수 있도록 해야 한다.

재창조로서의 번역

미술과 음악에 조예가 깊었던 부뢰가 회화 이론인 '신사론'을 문학 번역 이론에 접목시켰듯이 초국은은 무대 예술가로서의 경험을 바탕으로 무대예술의 '재창조' 개념을 문학 번역에 도입했다. 유명한 연극 연출가이자 이론가인 에드워드 크레이그Edward Gordon Craig는 각본을 연극으로 연출할 때 원작의 생각과 느낌을 재창조하는 방법에 대해 논하면서 "작가의 영혼을 음미하는 것이 먼저이다. 사실 추구가 그보다 우선되어서는 안 된다"라고 강조했다. 각본이 작가의 제1의 창작이라면 무대 위에 올려지는 연극은 무대 예술가의 제2의 창작, 즉 재창조된 것이다. 초국은은 연극의 '재창조'와 번역의 재창조 작업을 비교하면서 다음과 같이 말했다.

무대 예술가는 다양한 매개(동선, 동작, 소리, 색깔 등)를 활용해 문자로 된 각본 속의 생각과 감정을 원작과 다름없이 생생하게 '번역'해내야 한다. 여기서 가장 중요한 것은 전달하고자 하는 생각과 감정 '전체'가 온전히 전달되어야 한다는 점이다. 연출은 그런 의미에서 창조적인 활동이며 원작과는 다른 도구를 활용해 원작을 재창조하는 예술적 행위이다. 이와 마찬가지로 번역도 재창조이며, 예술이다. 특히 외국어를 중국어로 번역하는 것은 그 이미지의 극단적인 상이성으로 인해 '재창조'라는 측면이 더욱 부각된다. 번역이 단순히 '베끼는' 일이 아님은 자명하다. 하물며 보고서 작성과 같이 단순 반복 행위는 더더욱 아니다. 번역은 번역가의 창작이며 번역가가 작가의 생각과 감정을 완전히 자기 것으로 만든 이후에 이루어지는 일종의 창작 활동이다. 번역가의 창작이 작가의 창작과 다른 점을 꼽자면 여러 가지 제약을 받는다는 점이다. 어찌 되었건 간에 번역가는 이러한 제한적인 상황에서 자신의 창조적 재능을 최대한 발휘해 원작을 새롭게 재창조해야 한다.

초국은은 과거 번역이 평가절하된 것은 번역도 창작이라는 인식이 없었기 때문이라고 지적했다. 20년 가까운 노력에도 불구하고 번역가들마저 스스로 번역의 가치를 제대로 평가하지 못했던 것도 '재창조로서의 번역'에 대한 인식이 부족했기 때문이다. 그러나 이후 수십 년간의 노력을 통해 '재창조로서의 번역'은 번역학계 내에서도 중요한 사상으로 자리 잡아가고 있다.

찾아보기

| ㅈ |

중국 번역사상사

펴낸날 | 1판 1쇄 2011년 7월 22일
지은이 | 왕병흠
옮긴이 | 김혜림 · 이지혜 · 김효정 · 강경이 · 김남이
펴낸이 | 최민숙
펴낸곳 | 이화여자대학교출판부
주소 | 서울특별시 서대문구 이화여대길 52(우 120-750)
등록 | 1954년 7월 6일 제9-61호
전화 | 02) 3277-2965, 362-2966(편집)
02) 3277-3164, 362-6076(영업)
팩스 | 02) 312-4312
전자우편 | press@ewha.ac.kr
인터넷서점 | www.ewhapress.com
찍은곳 | 한영문화사

© 김혜림 · 이지혜 · 김효정 · 강경이 · 김남이, 2011
ISBN 978-89-7300-927-5 93700
값 18,000원

* 잘못된 책은 바꾸어 드립니다.